AGUILAR

El poder de TU historia

AGUILAR

AGUILAR

Título original: **El poder de *tu* historia**

© 2011 Alberto Sardiñas
© De esta edición:
 2011, Santillana USA Publishing Company, Inc.
 2023 N.W. 84th Avenue
 Doral, FL 33122
 Teléfono: (305) 591-9522
 www.santillanaedicionesgenerales.com/us

ISBN: 978-1-61605-901-9

Diseño de cubierta: Sebastián Bellver
Diseño de interiores: Mauricio Laluz

Primera edición: Octubre de 2011

El autor y la editorial no pretenden prestar servicios psicológicos o de otro tipo con la publicación de este libro. En el caso de que dichos servicios sean requeridos, se deberá solicitar la asistencia de un profesional calificado en el área. El autor y la editorial están exentos de toda responsabilidad legal, pérdida o riesgo sufrido como resultado del uso y la información contenida en este libro.

Aunque el autor ha puesto su mayor empeño en proveer las direcciones de Internet correctas al momento de la publicación de este libro, el autor y la editorial no se hacen responsables de cualquier error o cambios que se realicen tras la fecha de publicación de este libro.

El poder de TU historia

Relatos cortos y reales,
llenos de grandes lecciones

Alberto Sardiñas

AGUILAR

Índice

El "rolecóstel" de la vida.. 8

¿Íntimo yo? 11

Orgullosa de ser la amante 16

Hay una bruja allá afuera.. 21

Con el hacha en la mano... 26

Nadando contra la corriente en el amor 29

El momento más duro de mi vida.................................... 32

La historia de las canicas.. 36

Ese juego de video es más importante que yo 39

Murió siete días antes de casarnos 43

¿Desgracias? No tanto….. 49

Un momento ridículo frente a quince mil personas 53

Muchos disparan primero y preguntan después 59

Stephan: un milagro lleno de lecciones.......................... 62

Tropecé de nuevo y con la misma piedra 68

Por poco no conocí a la mujer de mi vida....................... 75

Víctima del abuso de su propio primo 81

¡Aunque me echen tierra! 87

La "mala suerte" que trajo la "magia negra" 91

Ella cuarenta y dos; él sólo veinticuatro........................ 95

La llamada que dejé para mañana................................. 100

Antes viuda que cornuda 105

"Sácate el niño" 110

Un héroe pero no de películas.................................... 116

El amor de mi vida está tras las rejas........................... 122

Un crimen pasional a la vuelta de la esquina 127

La familia de la funeraria 131

Cómo no culpar a mi padre de ser racista...................... 138

«Yo soy "el otro"» 142

Se quitó la vida y es mi culpa..................................... 147

Siete años de casados; seis años sin sexo........................ 152

Carta de una oyente que ya se había marchado 157

El náufrago al que se le quemó el refugio....................... 163

Hecha y derecha, pero ¿manipulada por sus hijas? 167

José José: ¿Abandonó a su amor en plena enfermedad? 173

Un círculo vicioso de alcohol y violencia 178

Dos gemelos idénticos, dos caminos diferentes 183

Sé que soy la amante, pero no me atrevo a dejarlo............ 187

Mi amigo El Puma me bajó el sueldo............................. 191

Mis abuelos: mis mejores publicistas............................ 198

Gracias.. 204

El "rolecóstel" de la vida

"Alberto, es que la vida es como un 'rolecóstel', y uno va montado ahí sin saber para dónde lo llevan", me dijo un oyente con el que una noche conversé al aire en mi programa de radio. Sin pronunciar palabra alguna yo me decía «¿role... qué?» Unos segundos después me explicó que "uno grita, sube, baja, llora, da vueltas y, cuando piensa que ya se terminó lo difícil, vuelve a caer". En ese momento me di cuenta de que se refería al término en inglés *roller coaster,* que en español conocemos como "montaña rusa".

Yo estoy muy de acuerdo con él. De eso se trata la vida, y todos seguramente coincidimos en que cuando no estamos preocupados por una cosa, es otra la que nos quita el sueño. Y como buena montaña rusa llena de caídas y vueltas, en la vida las dificultades se mezclan con las alegrías.

Es como cuando acompañamos con tristeza sincera a un buen amigo en un funeral de un ser querido. Mientras le damos un abrazo acompañado con las consabidas palabras de aliento y los ojos húmedos por las lágrimas, a lo lejos vemos a su tía agacharse a recoger un pañuelo, dejándonos ver en exclusiva y sin darse cuenta una muestra de la raja de su trasero, y no podemos aguantar la risa. Es decir, podemos estar pasando por un instante de terrible tristeza y de un momento a otro reírnos porque algo simpático ocurrió frente a nosotros. Si lo vemos desde otro ángulo más amplio, la vida puede traernos etapas de alegría en el trabajo o en lo personal, donde nos sentimos de maravilla con nosotros mismos y, de pronto, nos lanza una curva que tumba completamente nuestro estado de ánimo por un largo rato.

Este libro es —como la vida, como decía aquel oyente— un "rolecóstel". Aquí se recogen las historias más dramáticas que he escuchado en el programa de radio a lo largo de los años (por cierto, muchas de ellas han causado emociones e incluso preocupaciones personales en mí), combinadas con historias y anécdotas que hasta hoy eran muy privadas y que he decidido compartir contigo. Algunas son sumamente tristes —como la muerte de mi madre— y otras probablemente te harán reír —como cuando hice el ridículo frente a quince mil personas—.

También me he atrevido a incluir algunas historias que ya son parte de la cultura popular del "pawerpoin", es decir, ese culto sospechoso en el que todos tenemos un amigo que es miembro, quien todos los días te manda dos o tres correos electrónicos que incluyen un archivo de "PowerPoint" con un mensaje que le pareció genial. Aunque solamente abro uno de cada diez que me llegan, me pareció importante incluir algunos de ellos que me cautivaron especialmente.

Cada historia está resumida en un capítulo breve y todas tienen un factor común que para mí es importantísimo: la búsqueda de una lección que nos puede convertir a todos en mejores personas y ayudarnos a vivir sintiendo felicidad con más frecuencia y por más tiempo.

Satisfacción garantizada o ¡te devuelvo tu dinero! (siempre y cuando me puedas probar que también te lo devolvió el del comercial del video de ejercicios).

¿Íntimo yo?

Muchas personas tienen la curiosidad de saber cómo empecé a conducir "Íntimo", el programa de radio en el que a diario los oyentes comparten sus momentos difíciles, las lecciones más importantes de su vida y, en ocasiones, quieren mi opinión sobre lo que están viviendo. La forma en la que todo esto ocurrió definitivamente renovó mi fe respecto a la existencia de una fuerza superior que nos pone en el sitio correcto en el momento correcto.

El año 2006 comenzó siendo muy triste para mí. A finales del año anterior había cambiado de compañía de radio con mucho entusiasmo, pero esa alegría se nubló rápidamente cuando el programa para el cual fui contratado se canceló a sólo tres meses de haber empezado debido a un cambio necesario en el formato de la emisora.

En marzo de 2006, cuando aún todos en la familia manteníamos las esperanzas de que se mejorara, mi mamá perdió su batalla contra el cáncer de seno. Fue sin dudas el golpe más duro que he recibido en mi vida y sobre el cual te contaré más adelante. Como si estos dos acontecimientos hubiesen sido poco, apenas a un mes de haber fallecido mi mamá, terminó mi relación de pareja que había durado casi tres años. Ésa era mi situación en abril de 2006: mi mamá recién fallecida, mi relación de pareja finalizada y mi programa de radio cancelado. Sin embargo, había algo —no sabía qué era— que muy dentro de mí me decía que todo iba a estar bien.

Había dejado de ser conductor y productor de un programa y me habían asignado a producir otro *show*. Mi jefe (quien me pidió mantenerlo en el anonimato absoluto en este libro; no sé de quién se estará tratando de esconder sin éxito) sabía que yo quería volver al aire, aunque en ese momento quedaba claro que no existía una oportunidad para mí. Un día, él me llamó a una reunión y me contó de un formato que él había desarrollado exitosamente unos años atrás en Puerto Rico y que quería probar en Miami. Se trataba de un espacio nocturno en el que la música estaría muy presente y, entre canciones, tomaríamos llamadas del público. Los oyentes podrían contar las historias sobre sus momentos más difíciles, hablar de las cosas que aprendieron en medio de eso y también le pedirían su opinión al conductor del programa respecto a sus problemas actuales.

Mientras él me hablaba del formato, por mi mente pasaban cosas como: "¿Y él no se acuerda de que yo quiero regresar al aire a conducir un programa?" "¿A qué psicólogo van a poner a conducir este *show*?" Sin embargo, me quedé frío cuando él me dijo: "Creo que tú eres la persona indicada para conducir el programa".

—¿Yo? ¿Dándole consejos a la gente? ¡Pero si yo no soy psicólogo ni psiquiatra!

—No darás consejos profesionales, solamente darás tu opinión como amigo sobre lo que le ocurre a la gente.

—¿Y por qué crees que yo puedo hacer esto?

—Porque creo que tienes la capacidad de escuchar, entender e identificarte con lo que le ocurre a las personas.

Así, sin buscarlo ni esperarlo, en mayo de 2006 —el año más difícil de mi vida— nació "Íntimo".

¿Cómo me atreví a decirle a la gente que llama lo que opino de sus problemas personales, mientras otras miles de personas escuchan? No estoy seguro, aunque es posible que la explicación se encuentre en el título de uno de mis libros favoritos, escrito por el creador de los principales programas de televisión de realidad como "Survivor" y "The Apprentice", Mark Burnett. El libro se titula *Jump In!: Even If You Don't Know How To Swim* (Lánzate, aunque no sepas nadar).

Ésa fue mi manera de pensar cuando acepté hacer "Íntimo" y, a partir de esa oportunidad, me aseguré de prepararme cada día mejor para recibir las llamadas del público y darles la mayor inspiración posible, para que cada persona pueda continuar con su lucha diaria sin perder la fe.

Comencé en la radio cuando tenía diecisiete años y desde entonces he trabajado en todo tipo de formatos. He sido conductor de un segmento dedicado a la vida universitaria de Caracas. También he conducido programas juveniles y he sido *disc jokey* en una emisora que programaba música principalmente en inglés. Al llegar a Estados Unidos fui pasante, productor y también locutor suplente de una emisora de música tropical. Más adelante conduje un programa de contenido más adulto en una emisora de baladas, y hasta he producido y conducido programas radiales de comedia. Pero ninguno, absolutamente ninguno de ellos me ha traído el nivel de satisfacción personal que ha llegado con la fortuna de escuchar las historias de nuestra gente.

A partir de "Íntimo", que comenzó como un programa local en la ciudad de Miami y que con el tiempo se expandió a las principales urbes de Estados Unidos, llegó la oportunidad de ampliar la difusión de un mensaje de esperanza a todo el público, que se ha extendido en muchas direcciones. Desde conferencias en vivo alrededor del país, pasando por audioconferencias, segmentos en televisión local y nacional, un *blog* con actualizaciones semanales y hasta este libro que tienes en tus manos o en tu tableta portátil. Para mí, tal como espero lo sea para ti, el cielo es el límite.

La bendición que he recibido al poder desarrollar mi trabajo en todas estas direcciones ha sido algo maravilloso. Si alguien me hubiese contado que todo esto venía mientras yo veía como cancelaban mi programa anterior, mi madre fallecía y mi relación de pareja se terminaba, definitivamente no se lo hubiese creído. Probablemente me hubiese molestado y hubiera respondido diciendo "no es momento para chistes".

Así como a mí me hubiese sonado a chiste que todo esto estaba en mi camino, estoy seguro de que, en medio de tus preocupaciones y problemas actuales, podría parecerte casi imposible pensar que las más grandes bendiciones y alegrías vienen en camino hacia tu vida en muchas áreas diferentes. Sin embargo, todo comienza con la actitud.

Mientras más pienso en el momento en el que mi vida dio este giro, más me convenzo de que todo comenzó con esa luz de esperanza que mantuve dentro de mí incluso en los momentos más oscuros. Creo que por eso me emocioné tanto y se me salieron las lágrimas cuando fui a ver la obra de teatro musical de Broadway llamada *In the Heights*, en el momento en el que la Abuela Claudia le decía a todos en el vecindario que en esta vida todo se resuelve con paciencia y fe.

Recuérdalo siempre. Es el mejor consejo que te puedo dar como amigo: paciencia y fe.

El poder de **TU** historia

¿Has pasado por un momento muy oscuro en tu vida al que ha seguido un sentimiento de gran felicidad?

¿Qué has hecho en el pasado para mantener la esperanza viva dentro de ti cuando estabas perdiendo tus fuerzas en un momento oscuro?

¿Estás listo para llenar tu vida de paciencia y fe?

Orgullosa de ser la amante

"Alberto —me dijo mi productor Rodrigo Durán, quien por lo general me da un adelanto de lo que se trata la historia de cada persona antes de ir al aire—, tienes en la línea a Rosario. Ella dice que es la amante de un hombre desde hace años y que está muy orgullosa de serlo".

El adelanto de la "amante orgullosa" me impactó tanto que mi conversación al aire en la radio comenzó casi de la misma manera:

—Rosario, ¿cómo es eso de que tú eres una amante que está orgullosa de serlo?

—Soy la amante de un hombre desde hace doce años y medio. Siempre he estado con él y con más nadie. Yo le soy fiel a él aunque él tenga a su mujer. Nos llevamos muy bien, la pasamos de maravilla cuando estamos juntos y siempre me dedica un poco de tiempo. Luego le toca regresarse a la casa con su esposa —me dijo Rosario, como si esto fuese lo más natural y positivo del mundo.

—¿Y por qué te sientes tan cómoda siendo la amante de alguien?

—Todo comenzó cuando lo conocí y quedé flechada de por vida. Primero me di una semana para ver cómo me sentía, luego pasamos juntos unos meses y al final terminamos pasando todos estos años juntos y ya no me pude separar.

Como si ya de por sí no me incomodara la actitud de esta mujer, comencé a frustrarme aún más cuando ella me dijo:

—La esposa de él sabe que yo existo. Incluso, yo he estado frente a ella, pero ella no sabe quién soy yo. Hemos estado en el mismo lugar, la una frente a la otra y ella no tenía ni la menor idea de que yo era la amante de su marido.

—¿Por qué lo haces, Rosario?

—Porque si yo fuera su esposa, no pudiera tolerar que me pusiera los cuernos a mí con otra mujer. Jamás en la vida me gustaría estar en ese papel, así que por eso prefiero ser "la otra". Así él no me está siendo infiel a mí, sino a su mujer. ¿Me comprendes, Alberto?

Allí fue donde comencé a sentir un fuego de frustración por dentro, mientras trataba de mantener el mayor nivel de diplomacia posible por respeto a ella y a todos los oyentes que la escuchaban a través de la radio. En las miles de historias que los oyentes han tenido la confianza de compartir conmigo a lo largo de los años, nunca me había sentido tan en desacuerdo con alguien. A continuación agregó:

—Eso le pasa a muchísimas personas —me dijo esta mujer, a lo que yo reaccioné con una frase que aprendí desde muy temprano que dice "consuelo de todos, consuelo de tontos". El hecho de que muchas personas lo hagan no quiere decir que eso fuese lo mejor para ella.

Cuando le pregunté a Rosario si tenía hijos, me dijo que tenia una hija de veintiséis y un varón de dieciocho años. Lo que terminó de indignarme fue cuando ella me dijo que ¡los hijos sabían que ella era la amante orgullosa!

—Yo nunca les he ocultado nada.

—¿Y con qué cara le dices eso a tus hijos? —dije, ya sin poder disimular mi indignación—. ¿Qué lección les estás dando con eso?

—Alberto, ellos saben que esa es mi vida, pero yo también les enseño qué es lo bueno y qué es lo malo.

Su actitud era la misma de aquellos padres que les dicen a los hijos que no fumen, pero sus palabras salen acompañadas de tremendas bocanadas de humo.

—Rosario, ¿cómo te sientes cuando llega el día de San Valentín o las navidades y él se va con su familia y te deja sola por completo?

—Pues eso ya no ocurre, porque hoy en día él se alterna: pasa una navidad conmigo y una navidad con ella y su familia.

Eso me confirmó que había una especie de acuerdo silencioso entre estas dos mujeres para compartir a este hombre, y que a él la situación no le incomodaba para nada. Ya en ese punto dejó de preocuparme el bienestar de los miembros de este trío (el hombre y sus dos mujeres) y más bien me quedé preocupado porque los hijos de ella corrían un grandísimo riesgo de repetir una situación como esa en sus propias vidas.

Al final, me despedí de ella deseándole que fuese siempre lo más feliz posible, y ojalá sin seguirle haciéndole daño a otras personas (como a sus hijos) con sus acciones. Nunca se me olvidará cuando le pedí al público que no usara la historia de Rosario como ejemplo porque, sin duda, se puede tener una vida muchísimo mejor, más transparente, feliz y donde podamos ser un buen ejemplo para todos.

La llamada no terminó bien y confieso que fue por mi culpa. Siento que no la manejé de la forma correcta, porque no pude dejar de emitir un juicio de valor, basado solamente en mi forma de pensar. La indignación que sentí fue tan grande que no me pude controlar, ni pude encontrarle un ángulo positivo a su historia.

He escuchado decenas de razones —justificables y no justificables— por las cuales una persona puede llegar a ser amante de alguien comprometido, pero yo no he podido encontrar ninguna razón hasta ahora para que eso dure toda una vida.

La vida de cada ser humano es única, y lo que es válido para una persona puede no serlo para otra. Sin embargo, muy en el fondo, los seres humanos sabemos cuáles son las cosas que nos dan felicidad. Siempre he pensado que Rosario hubiese querido tener una vida estable y feliz siendo la única mujer de este hombre, pero el miedo a que las cosas no salieran como ella quería, y que apareciera una amante en el camino, hacía que ella prefiriera ser "la otra". Por favor, nunca permitas que el miedo distorsione esa lista de cosas que de verdad quieres en tu vida y que te harían feliz.

Otra de las grandes lecciones de esta historia es que el ejemplo es mucho más poderoso que las palabras a la hora de enseñarles las lecciones importantes de la vida a nuestros hijos y otros seres queridos. Puedes recitarles un discurso durante horas enteras sobre lo que es bueno y lo que es malo en esta vida, pero lo primero que ellos recordarán no son tus palabras, sino tus acciones. Todos hemos heredado comportamientos negativos porque los aprendimos de nuestros padres, como la infidelidad, el maltrato, los vicios, el comer en exceso y muchos otros. Está en nuestras manos romper esos ciclos cuando sabemos que esas conductas no son las que queremos para nosotros ni para nuestros hijos.

El poder de **TU** historia

¿Has dicho en alguna oportunidad "en realidad yo no quiero eso", cuando sí lo querías pero tenías miedo de luchar para obtenerlo?

¿Has cometido el error, que tantos hemos cometido, de tratar de enseñar una lección que contradice tus acciones?

¿Estás listo para enseñar a tus hijos por medio de tus acciones y no con discursos?

Hay una bruja allá afuera

Tenía yo unos ocho o nueve años el día en que surgieron los rumores de la bruja. Confieso que a esa edad yo no estaba entre los niños más populares de la clase, y más bien me costaba mucho trabajo relacionarme con aquellos que a temprana edad ya se perfilaban como los líderes del grupo. En medio de esa dificultad, cualquier oportunidad de traer un dato interesante o contarles a los demás algo que no supieran era un momento en el que yo sentía que podría brillar y ocupar por un instante un espacio "heroico" en la mente de mis compañeros.

El Colegio El Placer —cuyo nombre hacía alusión a la zona de Caracas donde se localizaba cuando fue fundado— tenía su sede en esa época en una pequeña colina. Se trataba de una enorme casa construida en los años sesenta, remodelada y convertida en escuela, con amplísimos terrenos que habían sido convertidos en grandes canchas de fútbol y otros deportes.

Durante las horas de entrada y salida, los vehículos que llegaban a recoger a los estudiantes podían acercarse directamente a la casa. Cuando las clases comenzaban, se cerraba la puerta de entrada, la cual se encontraba a considerable distancia del edificio del colegio. Ese espacio libre entre la reja y la casa era usado por los alumnos para jugar en los ratos de descanso.

Un día de tantos, que parecía no traer nada fuera de lo común, ocurrió algo inesperado. Nos encontrábamos en un receso entre clases; era la hora del "recreo" —como le decíamos en Venezuela—, los treinta minutos más esperados por todos. De pronto se me acercó un niño que estudiaba en un salón diferente al mío y me preguntó:

—¿Ya viste a la bruja?

—¿Qué bruja? —le respondí.

—La que está esperando en un automóvil afuera de la reja.

—¿Y cómo sabes que es una bruja?

—Porque está vestida de negro, usa sombrero negro y tiene un lunar gigante en la cara.

Aunque nadie se había atrevido a acercarse a la reja para confirmar el rumor, todo indicaba que una bruja estaba en las afueras de la escuela, probablemente con la intención de secuestrar a alguno de nosotros y hacerlo parte de alguna brujería en su castillo. Siguiendo la línea de tantas películas y caricaturas sobre el tema, suponíamos que la casa de esta bruja era también su "laboratorio", donde hacía experimentos con grillos, lagartijas y, por supuesto, niños.

El rumor se había regado durante el recreo, entre estudiantes de un salón diferente al mío, mientras mis compañeros de clase estaban entretenidos en otras cosas. Al darme cuenta de esto, vi la oportunidad perfecta para "reportar la noticia". Así que primero me acerqué un poco —pero no completamente— a la reja, verifiqué la ropa negra descrita por los demás y, muy especialmente, ese lunar en la cara que me confirmaría que se trataba de una bruja… y probablemente ¡una muy peligrosa!

Aunque no me acerqué demasiado, ya sentía que sabía lo suficiente como para ir a contárselo a mis compañeritos. Así lo hice: al mejor estilo de este comunicador del futuro, interrumpí a mis amiguitos en el receso para preguntarles si habían escuchado de la bruja que amenazaba las instalaciones del colegio desde la reja. Ellos a su vez, inocentes, nerviosos y curiosos, comenzaron a ver en esa misma dirección, y así el rumor se siguió propagando.

Emocionado por haber "alertado" a mi clase de la existencia de este "peligro inminente", seguí regando la voz por el colegio. En este recorrido me encontré de frente con una compañerita llamada Alejandra. Repetí mi mensaje: "¿Viste a la bruja?" "No la vi". "Tiene un lunar muy grande en la cara". Entonces Alejandra me hizo una pregunta que los demás no me habían hecho: "Alberto, ¿tú estás hablando de ese auto que está allí?" Inmediatamente le dije que sí, y ella comenzó a llorar y a darme empujones. Yo no entendía por qué, si más bien la estaba alertando sobre un peligro que todos corríamos. En mi mente de ocho años, gracias a mí, ella podría estar alerta para no caer en las manos de la bruja de la que todo el colegio hablaba. Cuando ya una maestra se había dado cuenta de que algo raro ocurría y que una compañera de clases me estaba empujando, Alejandra me gritó en medio de su rabieta: "¡Ésa es mi mamá que me vino a buscar porque me duele la barriga!"

Me quedé atónito. Ella siguió dándome empujones y yo ni siquiera intenté defenderme. La hija de la mujer que todos creíamos que era una bruja —rumor que yo con tanto entusiasmo había ayudado a correr entre los alumnos— salió disparada, llorando, a decirle a la maestra que yo había insultado a su mamá.

Mi día terminó en la oficina de la directora del colegio, castigado y con la obligación de pedir disculpas a mi compañera de clases por lo que había dicho. Yo no había sido el único en hablar del tema en la hora del recreo, pero sí el único que había tenido la mala suerte de "alertar" sobre la bruja a su propia hija. (Hoy me encantaría poder recordar el apellido de Alejandra para buscarla por Facebook y preguntarle si recuerda la historia de nuestra infancia en la que llamé bruja a su mamá).

Uno nunca sabe a quién le está diciendo algo que no debe. Me alegro mucho de que esto me haya ocurrido cuando era tan pequeño, porque creo que la lección se quedó dentro de mí para siempre. No sólo los niños caen en el error de decir cosas inapropiadas, sin pensar que de una manera u otra podrían llegar a los oídos de alguien a quien pudiéramos ofender, o que lo que dijimos pudiera afectarle de otra manera. También los adultos, con nuestra lengua larga, con frecuencia caemos en tal ligereza. Aunque cuesta muchísimo trabajo erradicar este mal hábito, es importante que al hablar negativamente de alguien pensemos en que es posible que la persona a quien se lo dijimos lo comente con alguien más. Uno de los adagios más sabios y poderosos que he escuchado en mi vida es aquel que reza: "Somos dueños de lo que callamos y esclavos de lo que decimos".

El poder de **TU** historia

¿Has dicho algo negativo alguna vez sobre alguien, sin pensar que eventualmente llegaría a oídos de la persona afectada?

Piensa en una persona de tu círculo sobre la cual hay algo que no te gusta o con lo que no estás de acuerdo. ¿Cuál es tu mejor opción? ¿Desahogarte con otra persona al respecto, quedarte callado o decírselo directamente a esa persona?

Con el hacha en la mano

Mientras conducía mi programa de radio, un día recibí la llamada de una mujer que me contó una historia que nunca podré olvidar (una de esas que pasan de boca en boca y de correo electrónico en correo electrónico). Cierta vez un hachero se presentó a trabajar en una maderera. El sueldo era bueno y las condiciones de trabajo mejores aún; así que el hachero se propuso hacer un buen papel.

El primer día se presentó al capataz, quien le dio un hacha y le designó una zona. El hombre, entusiasmado, salió al bosque a talar. En un solo día cortó dieciocho árboles.

—Te felicito —le dijo el capataz—, sigue así.

Animado por las palabras del capataz, el hachero se propuso mejorar su propio desempeño al día siguiente; esa noche se acostó muy temprano.

La mañana siguiente se levantó antes que nadie y se fue al bosque. A pesar de todo el empeño que puso, no consiguió cortar más que quince árboles.

—Me debo de haber cansado —pensó, y decidió acostarse con la puesta del sol. Al amanecer se levantó y se propuso batir su marca de dieciocho árboles.

Sin embargo, ese día no llegó ni a la mitad. Al día siguiente fueron siete, luego cinco, y el último día estuvo toda la tarde tratando de voltear su segundo árbol. Preocupado por lo que el capataz podría pensar, el hachero se acercó a contarle lo que le estaba pasando y a jurarle y perjurarle que se esforzaba hasta casi desfallecer.

—¿Cuándo afilaste tu hacha la última vez? —le preguntó el capataz.

—¿Afilar? No tuve tiempo de afilar; estuve muy ocupado cortando árboles.

Es increíble como se nos va la vida en tantas ocupaciones que nos parecen urgentes, hasta el punto que se nos olvida dedicar un tiempo a "afilar nuestra hacha". Hay mil formas de hacerlo, comenzando por el descanso, el compartir en familia y, por supuesto, dedicando un rato a escuchar y leer cosas que nos permitan abrir los ojos hacia las grandes posibilidades de felicidad y logro que la vida ofrece. Es decir, dedicarnos a darnos cuenta que sí se puede dejar de sobrevivir para comenzar a vivir.

Mi intención es que estas páginas y estas historias te ayuden a afilar tu hacha.

El poder de **TU** historia

Además de este libro, ¿a qué lugares, cosas o personas podrías recurrir para afilar tu propia hacha, es decir, para reflexionar y aprender algo nuevo que te permita ser mejor profesional, padre o madre, hijo o hija, o mejor pareja?

Para descubrir todas las formas en las que puedes recibir el contenido de inspiración que desarrollamos a diario, visita: www.albertosardiñas.com.

Nadando contra la corriente en el amor

Recibí una llamada al programa y después de saludarme las primeras palabras de Jenny fueron: "Mi familia no quiere a mi novio porque él es pobre". Su familia quería que se casara con "un señor que tiene mucho dinero, pero a mí el señor no me gusta, a mí el que me gusta es el muchacho". La historia de Jenny se repite en miles de familias en todos los rincones del mundo, porque la preocupación de asegurar el futuro de nuestros seres queridos nos lleva a mezclar el amor con los bienes materiales.

—Este hombre que te gusta, ¿en algún momento te ha pedido dinero?

—No. Aunque sea pobre, a mí me gusta. Él verá cómo me va a mantener a mí. Yo le digo a mi familia que no se metan.

—Aparte del dinero, ¿hay algo que él pueda obtener de ti, que pueda darle dudas a tu familia?

—Él está en Nicaragua y quiere venir para Estados Unidos. Mi familia me dice que eso no está bien y que no es lo que quieren para mí.

—¿Sientes que lo conoces bien? ¿Te sientes segura de esta relación?

—Sí, yo me siento segura, pero mi familia me quiere separar de él.

—¿Has probado explicarles que te sientes segura y que ya eres una persona mayor de edad, por lo cual te gustaría que respetaran tu decisión?

—Yo ya se los he dicho pero no me entienden.

Al final de nuestra conversación, Jenny decidió serle fiel a su instinto, que permanentemente le decía que esta persona era la correcta. Sabía que el camino no sería fácil en su intento por balancear su vida en pareja y la relación con su familia. Sin embargo, reafirmó que, a pesar de que al final pudiéramos no tener la razón, no hay nada más importante que nuestra capacidad de escuchar, analizar y tomar decisiones desde nuestro corazón.

Es común escuchar a nuestra familia diciéndonos con quién debemos establecer una relación y con quién no. Lo importante es entender que, en la mayor parte de los casos, la familia lo hace con buenas intenciones. A veces los familiares cometen el error de exagerar sus críticas o de involucrarse demasiado en la vida de las personas que quieren, pero debemos escucharlos, porque podrían tener la razón. Es importante comenzar por entenderlos y, cuando estamos seguros de lo que hacemos, entonces decirles algo como "entiendo que ustedes están preocupados por mí, entiendo que quieren asegurarse de que yo esté bien, pero he crecido y me siento segura (o seguro) de la persona con la que estoy, y por eso les pido su voto de confianza".

Si las cosas salen mal, no te sientas derrotada (o derrotado). Realiza un esfuerzo por aprender de esta experiencia y ten la humildad de reconocer ante tus familiares que tenían razón y que les agradeces que siempre estén allí para ti.

El poder de TU historia

¿Alguna vez has estado en contra de lo que todo tu círculo opina porque te sientes segura (o seguro) de la decisión que tienes que tomar?

¿Confías plenamente en tu instinto?

¿Qué lecciones aprendiste cuando actuaste en contra de lo que todos opinaban y te diste cuenta de que cometiste un error?

El momento más duro de mi vida

Una de mis frases favoritas, atribuida a Craig Scott, me llegó por correo electrónico; dice así: "Por cada herida hay una cicatriz que cuenta una historia. Una historia que dice: 'yo sobreviví'". Ésta es la historia detrás de la cicatriz más grande de mi vida.

El 20 de marzo de 2006 me preparaba para comenzar mi rutina diaria cuando sonó el teléfono. Era mi hermano Óscar. "Algo le pasa a mi madre… está respirando como si estuviera ahogada… escucha", y le acercó el celular. Eran como una especie de ronquidos que reflejaban un gran esfuerzo. Definitivamente algo andaba mal. Mi mamá, Gloria, de cincuenta y tres años, había estado luchando contra el cáncer de seno desde hacía casi diez años.

Batalla tras batalla, habíamos salido victoriosos: desde el día que le quitaron el tumor, que ya había tomado los ganglios linfáticos, pasando años después por el momento en el que le encontraron las "manchas en el pulmón" y, unos tres años antes, cuando le aparecieron, como ella decía, "puntitos en el cerebro". En todo momento ella mantuvo las ganas de vivir y salir adelante, en medio de una situación en la que pocos manteníamos las esperanzas. Todos habíamos emprendido una vida bastante "normal", en medio esta lucha en la que estábamos juntos como familia. Ella misma nos daba ánimos a todos y, en la medida de sus posibilidades, siguió trabajando, pendiente de mi papá y de nosotros, tres varones, que pasábamos por los retos típicos que la vida nos pone a todos.

Esa mañana tomé mi auto de inmediato y me dirigí a su casa. Allí había vivido yo por años y apenas unas semanas atrás me había independizado porque, en mi opinión, mi mamá estaba mejor... sin embargo no era así. Su cáncer había empeorado considerablemente, y si estaba en su casa era porque los médicos le habían dado de alta por no tener más nada que ofrecerle. Nosotros teníamos la esperanza de que algún tratamiento alternativo le ayudara a recuperarse, pero ya era tarde.

Al llegar a su casa, los paramédicos estaban tratando de ayudarla. Yo solamente rezaba y les decía insistentemente "sigan tratando, sigan tratando". Era demasiado tarde. El jefe de los paramédicos me dijo: "Lo seguiremos intentando, pero la sangre ha bajado hacia su espalda. Ésa no es una buena señal. Lo lamento".

Y allí estábamos, en medio de la confusión, con la policía tocando a la puerta de la casa, un procedimiento de rigor en estas situaciones.

Mi madre había fallecido. Pero no había perdido la batalla, sino que la había ganado por casi diez años. Y además se había ido de este mundo dejando una huella imborrable como lo fue su relación con cada uno de sus seres queridos, su relación maravillosa de mas de treinta años con mi papá, Eloy, y el haber traído a este mundo a tres hijos criados con tanto amor: Daniel, Óscar y Alberto.

Mi mamá luchó siempre por enseñarnos las lecciones más importantes. No solamente había logrado convertirnos en personas amorosas, educadas y con mente positiva. También con sus decisiones nos enseñó lo importante que es seguir lo que nos dice nuestro corazón, aún cuando pareciera que tuviéramos al mundo en contra. Nos enseñó que el amor no siempre viene envuelto en una sonrisa, pero al final siempre trae una como regalo.

El día en que se nos fue sentí que nos envió un mensaje a través de las palabras de mi papá en ese momento, sobre lo importante que era para ella que nos mantuviéramos unidos siempre y que era momento de seguir poniendo en práctica lo que por años nos enseñó, ahora sin que ella estuviera físicamente para recordárnoslo.

Toda batalla tiene un final, que a la vez significa un comienzo para alguien más. En el momento en el que mi madre falleció, mis prioridades y mi forma de ver la vida cambiaron radicalmente. Una lista larga de problemas y situaciones, que antes parecían un monstruo que amenazaba con atacarme y devorarme, pasaron a ser insignificantes.

Luego de ver cómo la vida de todos nosotros se va en un instante —tal como se fue la de mi mamá—, vivir plenamente se convirtió en mi prioridad. Vivir plenamente, sin hacer daño a los demás, ayudando a cuanta gente me sea posible, dedicado a que la mayor cantidad de días terminen con una sonrisa en mi cara.

El poder de TU historia

¿Qué experiencia cambió completamente tu manera de ver la vida?

¿Vives hoy utilizando las lecciones que ese momento te trajo o, tal como nos ha ocurrido a todos en algún momento, las has olvidado?

La historia de las canicas

Un profesor tomó un frasco grande y procedió a llenarlo con pelotas de golf, delante de su clase de filosofía. Luego les preguntó a sus estudiantes si el frasco estaba lleno. Los estudiantes dijeron que sí; entonces el profesor tomó una caja llena de canicas y la vació en el frasco. Las canicas llenaron los espacios vacíos entre las pelotas de golf.

El profesor volvió a preguntarles a los estudiantes si el frasco estaba lleno y ellos volvieron a decir que sí. Luego el profesor tomó una caja con arena y la vació en el frasco. Por supuesto, la arena llenó los espacios vacíos y el profesor preguntó nuevamente si el frasco estaba lleno.

En esta ocasión los estudiantes respondieron con un ¡sí! unánime. El profesor enseguida agregó dos tazas de café al contenido del frasco, y efectivamente llenó todos los espacios vacíos entre la arena.

Los estudiantes reían en esta ocasión; el profesor les dio la siguiente explicación:

"Este frasco representa la vida. Las pelotas de golf son las cosas importantes, como la familia, los hijos, la salud, los amigos. Son cosas que aun si perdiéramos todo lo demás y sólo éstas quedaran, nuestra vida aún estaría llena. Las canicas son las otras cosas que importan, como

el trabajo, la casa, el auto, etcétera. La arena y el café representan todo lo demás, las pequeñas cosas. Si ponemos primero la arena o el café en el frasco, no habría espacio para las canicas ni para las pelotas de golf. Lo mismo ocurre con la vida. Si gastamos todo nuestro tiempo y energía en las cosas pequeñas, nunca tendríamos lugar para las cosas realmente importantes".

El poder de **TU** historia

¿Alguna vez has llenado el frasco de tu vida con cosas que no son verdaderamente importantes?

¿Qué puedes hacer para vaciar un poco el frasco de tu vida y llenarlo con aquellas cosas que sí valen la pena?

Ese juego de video es más importante que yo

La historia de Laura comenzó como un caso más de tantos que escuchamos relacionados con infidelidad. Sin embargo, a medida que conversaba con ella las cosas tomaron un color distinto. Ella es una mujer casada y con dos hijos, pero también llevaba dos años siendo la amante del dueño del restaurante donde ella trabajaba. "Sueño con él, todo el tiempo estoy pensando en él, pero él no siente nada por mí". Esta mujer, ante la falta de cariño en su relación de pareja, había buscado una salida que tampoco le había resultado como ella quería.

Al preguntarle sobre las razones por las cuales estaba con este hombre, decía —en medio de su propia confusión— que con él conseguía todo lo que su marido no le daba. Sin embargo, al conversar un poco más sobre qué tan dispuesta estaba esta persona a apoyarla en las buenas y en las malas, no tuvo más remedio que reconocer que el afecto que buscaba tampoco lo estaba encontrando en su amante y jefe.

Laura me contó sobre el día a día con su marido. "Él solamente me saluda, y yo le pregunto cómo le fue en el trabajo y me responde en pocas palabras. Además, casi nunca hacemos el amor". Enseguida me dijo algo que se convirtió en el punto principal de esta llamada: "Él está más pendiente de ver televisión, y parece que lo que más le importa hacer cuando está en casa es dedicarse a los videojuegos". Se trataba de un sistema de juegos de video muy popular entre niños y jóvenes, que el marido de Laura había convertido en su principal entretenimiento casero.

La más reciente pelea entre ella y su esposo —con quien se había casado cuando ambos eran adolescentes— ocurrió sólo un día antes de comunicarse conmigo al programa de radio. "Yo estaba tan cansada de que llegara a la casa a jugar los videos que agarré el aparato a martillazos y lo destrocé por completo. Me aseguré de que no quedara ni una pieza entera… hasta los controles del juego quedaron hechos pedacitos". Laura se puso muy triste al contarme esto porque llevaba dentro de sí una mezcla de sentimientos. Por un lado no aguantaba la rabia que sentía con su esposo por no prestarle atención y, por el otro, había destruido un aparato que habían comprado con mucho esfuerzo para sus hijos.

La historia del aparato de videojuegos destrozado, combinada con el hecho de que Laura hubiese escapado de sus problemas a través de un amante, me hizo entender que no tenía la capacidad de enfrentar los problemas de su relación de pareja, sino que buscaba formas externas para drenar sus frustraciones, en lugar de intentar arreglarlas. Sin embargo, juntos llegamos a la conclusión de que el tocar fondo la estaba ayudando a darse cuenta de que evadir los problemas y permitir que exploten de otras formas puede resultar mucho más doloroso que enfrentarlos desde el principio y tratar de encontrar una mejor solución.

Las infidelidades no son más que un síntoma de que hay problemas en la pareja. De hecho, soy un fiel creyente de que el mayor problema de una persona infiel no es el hecho de tener un amante, sino que no se ha atrevido a enfrentar las situaciones que le preocupan o le entristecen sobre su relación formal. Nadie se casa pensando que no podrá ser fiel, porque el sentimiento que tenemos al momento de com-

prometernos es más grande y más fuerte que cualquier tentación. Sin embargo, cuando las cosas no marchan bien en nuestra relación, para muchos es más fácil romper ese compromiso en secreto que preguntarse: "¿Por qué no siento lo mismo por la persona con la que me comprometí para siempre?"

Es allí donde la comunicación se convierte en el factor más importante. Aunque nuestra pareja no quiera hacerlo, debemos realizar nuestro mejor intento por tener conversaciones serias y sin interrupciones que nos permitan discutir cuáles son los problemas que existen entre las dos personas. Si se puede buscar ayuda profesional, mejor aún. Hay muchas personas que tienen seguros médicos que cubren la terapia individual o de pareja pero los asegurados no los utilizan por desconocimiento. También hay organizaciones que se dedican a brindar ayuda psicológica a personas que no tienen cómo pagarla.

El poder de TU historia

¿Hablas claro con tu pareja sobre las cosas que te molestan o permites que se te acumulen?

¿Qué puedes hacer para que en tu relación de pareja haya más comunicación, con la idea de evitar la acumulación de tensiones y los momentos de crisis?

Murió siete días antes de casarnos

Un año antes de llamarme al programa de radio, Elena estaba muy ilusionada. Recientemente había bajado setenta libras y recuperado la energía que hacía mucho tiempo no tenía. Esto la estaba ayudando a renovarse en muchas áreas de su vida, comenzando por el hecho de que el médico le había dicho que podía dejar de tomar las pastillas para la presión alta y, en el ámbito de su carrera, tenía más energía que le estaba ayudando a hacer un trabajo muy superior en la oficina. Finalmente, Elena había recuperado la confianza en sí misma, se había atrevido a conocer a personas luego de tres años de su divorcio y había comenzado una relación con un hombre del que estaba muy enamorada.

Justo antes de que Elena emprendiera un viaje a su país, su novio la sorprendió pidiéndole matrimonio; ella, sin pensarlo un segundo, le dijo que sí. A las dos semanas ella regresó y comenzaron los planes de boda. Era una nueva oportunidad de vida para ella, por lo cual estaba muy emocionada. Se sentía más joven que nunca y llena de energía, mientras durante meses elegía cuidadosamente cada uno de los detalles de la boda.

A pocos días de haber cumplido un año juntos y faltando solamente siete días para el casamiento, Elena recibió una llamada que le destruyó la vida: su futuro esposo, un hombre que en general gozaba de buena salud, había sufrido un infarto fulminante que terminó inmediatamente con su vida.

El impacto para ella fue indescriptible. Era como convertirse en viuda, sin ni siquiera haber llegado a contraer matrimonio. Tuvo a su cargo los arreglos funerarios, y el proceso de honrar y despedir a este hombre fue exactamente igual como si ya hubieran estado casados. Llegaron condolencias y palabras de aliento, todo bajo una visión nublada por el *shock* y la incredulidad.

Cuando Elena se comunicó conmigo, ya había pasado un tiempo de esto. Su novio iba a cumplir un año de haber fallecido y ella sonaba tan triste como si la muerte hubiese ocurrido el día anterior. De hecho, eso mismo llegué a pensar cuando escuché su voz por primera vez en el estudio de radio. La recuperación estaba siendo sumamente lenta —casi inexistente— para ella.

"No hay manera, Alberto, de que yo pueda recuperarme de esto. He visto a varios psicólogos y un psiquiatra también me recetó unas pastillas, pero nada ha hecho que me sienta mejor. Tengo pocos amigos y la mayoría de mi familia está en mi país. Me siento muy sola. Siento que no tengo ningún motivo para salir adelante", me dijo Elena con voz quebrada.

Finalmente me dijo algo que me ayudó a entender mucho mejor cómo se sentía en ese momento: "Yo te llamo porque como tú ayudas mucho a la gente y le encuentras solución a todos los problemas, quería saber qué me decías". En ese momento me di cuenta que la desesperación de Elena la estaba llevando a buscar respuestas a como diera lugar. Lo triste es que sentí que estaba buscando que alguien le diera una solución fácil a lo que le ocurría. Sentí que estaba hablando conmigo porque cuando marcó el teléfono de una línea de psíquicos la línea estaba ocupada y decidió intentar llamar al tipo que "habla bonito por la radio". Así mismo se lo hice saber. También le dije que, si bien muchas personas podemos darle nuestra opinión sobre la forma en la que sentía en ese momento, nadie le iba a poder dar una solución mágica a su problema si ella no estaba dispuesta a poner de su parte.

Me dio gusto saber que ella asistía a terapia psicológica, aunque he conocido a personas que pasan años haciendo esto, pero que en realidad no están dispuestas y abiertas a encontrar una solución, por lo cual no avanzan del sitio donde comenzaron. Si ella no tenía la disposición de hacer un sacrificio y cambiar su manera de pensar para mejorar su vida, nadie lo iba a poder hacer por ella.

Perder a la pareja es algo sumamente doloroso, y más aún cuando se está viviendo la ilusión de casarse en pocos días y todo gira en torno a la visión de pasar el resto de sus días juntos. Sin embargo, muchas veces hay personas que al pasar por un golpe tan duro como ése, se acostumbran a vivir en la tristeza. Empiezan a familiarizarse con ese sentimiento y no saben cómo regresar a experimentar sensaciones de alegría.

"Me compro ropa, tratando de subirme el ánimo, pero después llego a la casa y no me gusta nada de lo que compré y nunca lo uso. Se me ha ido mucho dinero en eso y al final es una pérdida de plata", decía Elena. "Y ¿quién dijo que la solución a nuestros problemas está fuera de nosotros", le respondí. "Nunca vas a encontrar la solución a cómo te sientes en la ropa que te pones o tomando unas vacaciones, porque al llegar la noche y bajar el ritmo, te vas a sentir igual que antes".

Para salir de ese mundo de negatividad, además de buscar ayuda profesional y estar dispuesto a recibirla, hay que comenzar por ver y agradecer cosas muy básicas en la vida. Yo estaba seguro de que Elena podía hacer una lista de cincuenta cosas que son bendiciones que sí tenía en su vida y con las que podía ser feliz, pero que ella en ese momento no quería ver. En ese instante comencé a preguntarle:

—¿Eres una persona que goza de buena salud?

—Sí, Alberto.

—¿Tienes tus dos brazos?

—Claro.

—¿Y tus dos piernas?

—Gracias a Dios, sí las tengo.

—¿Sabías que hay personas a las que le tienen que amputar una o las dos piernas por razones de salud?

—Sí, eso le ocurrió a mi abuelita.

—¿Funcionan bien tus ojos? ¿Puedes ver?

—Sí.

—Y obviamente puedes escuchar porque estamos conversando en este momento en la radio a través del teléfono.

—Sí.

Poco a poco el tono de Elena comenzó a cambiar hasta que reconoció que "hace tiempo que yo no pensaba en esas cosas". Se trataba de una lista de milagros maravillosos con los que la mayoría de nosotros cuenta y que damos por hecho, en vez de agradecerlos de vez en cuando. Ella me dio las gracias por el ángulo diferente que le pude recordar sobre su propia vida y me prometió que recordaría cada mañana esa lista de cosas positivas tan básicas con las que contaba, en camino a poner en el pasado lo que había ocurrido ya hace un tiempo. También estableció el compromiso de dejar de "oír" al psicólogo al que acudía y comenzar a "escucharlo". En otras palabras, prestarle atención y abrir su mente a las palabras y las ideas que este experto le presentaba sobre cómo acercarse cada vez más a una vida feliz.

Es importantísimo comenzar a emocionarnos un poco más por esas bendiciones básicas que muchas otras personas no tienen en su vida, como un primer paso para desengancharnos poco a poco de los pensamientos negativos. En medio de una situación dolorosa que no te deja en paz después de un buen tiempo, comienza a desviar tu mente y agradece lo que sí tienes, empezando por tu salud, pasando por tus seres queridos y llegando hasta las cosas materiales.

La decisión de recuperarnos de un golpe difícil y ser poco a poco más felices no está en más nadie sino dentro de cada uno de nosotros. Aunque acudir a expertos para trabajar en estos traumas es un paso importantísimo, éste no vale de nada si solamente lo hacemos por obligación o porque "es lo correcto". Hay que hacerlo con la convicción de que nos va a ayudar y con la decisión de abrir nuestra mente a escuchar nuevos ángulos que nos permitan ver la vida de una nueva forma, para volver a encontrar la felicidad.

El poder de **TU** historia

¿Ya experimentaste hoy una sensación de agradecimiento por el techo bajo el cual dormiste, la comida con la que te alimentaste y la salud de la que gozas?

Piensa en ese problema que hoy tanto te preocupa y pregúntate: ¿Estoy dispuesto a aprovechar los consejos que alguien más me puede dar al respecto y a verlo desde un ángulo diferente?

¿Desgracias? No tanto...

La sabiduría milenaria de los orientales, especialmente de los chinos, nunca deja de sorprenderme. La cultura popular está llena de historias que demuestran que su calma a la hora de pensar y tomar decisiones en la vida es un ejemplo del que todos podemos aprender.

Cuenta una leyenda que había un campesino chino, muy pobre pero muy sabio, que trabajaba la tierra duramente junto a su hijo. Un día el joven le dijo a su padre:

—Padre, ¡qué desgracia! Se nos ha escapado el caballo.

—¿Por qué le llamas desgracia? —respondió el anciano padre—. Veremos lo que trae el tiempo.

Resulta ser que, contrario a lo que el joven esperaba, a los pocos días el caballo regresó, acompañado de otro caballo. El hijo no lo podía creer.

—Padre, ¡qué suerte! Nuestro caballo ha traído otro caballo.

—¿Por qué le llamas suerte? —dijo el hombre—. Esperemos a ver qué nos trae el tiempo.

Pasados unos días, este joven decidió montar ese caballo nuevo cuya llegada tanto había celebrado. El animal, que no estando acostumbrado a un jinete, hizo varios movimientos violentos que lo arrojaron al suelo. El muchacho terminó con una pierna rota.

—Padre, ¡qué desgracia! —dijo con frustración el joven—. Tengo ahora una pierna rota.

—¿Por qué le llamas desgracia? Ten paciencia y veremos lo que trae el tiempo —respondió el padre, con esa sabiduría y paciencia que siempre lo caracterizaba.

El muchacho estaba muy frustrado con las respuestas de su padre y, a pesar de que confiaba plenamente en él, no se sentía convencido de su manera de pensar. Durante el reposo que tomó para que su pierna se recuperara, se pasaba el día entero quejándose.

Por esos días, los enviados del rey llegaron a la pobre aldea donde padre e hijo residían, en busca de jóvenes para llevárselos a pelear a la guerra. En una época como ésa, ir a la guerra era casi sinónimo de morir tarde o temprano defendiendo al reino, pero resultaba casi imposible negarse a hacerlo. Los enviados del rey llegaron a casa del anciano. Al entrar vieron al joven con su pierna entablillada y comprobaron que no estaba apto para luchar en la guerra. Los personeros del rey no tuvieron más remedio que dejarlo y seguir su camino.

En ese momento, el protagonista de esta historia entendió que no todo lo que parece bueno lo es, ni todo lo que parece malo es necesariamente así.

Como le sucede a todo el mundo, cada uno de los acontecimientos en la historia tenía un sentido individual —positivo o negativo— cuando se le veía como algo aislado. Sin embargo, este sabio padre le enseñó al joven que las cosas no se deben ver por sí solas, sino como parte de un proceso donde el tiempo demuestra que todo

ocurre por una buena razón. Cuando parece que las cosas no tienen una buena razón de ser —en casos como enfermedad, violencia o muerte—, éstas ocurren como parte de un proceso lleno de lecciones que nos hacen ser más fuertes.

El poder de **TU** historia

¿Qué circunstancia de tu vida parecía completamente negativa pero que, con el paso del tiempo, llegó a ser una bendición para ti?

¿Qué está ocurriéndote en este momento que te frustra y no entiendes por qué te tiene que pasar? ¿Será que lo puedes poner en perspectiva, con la confianza de que dentro de un tiempo todo tendrá mucho más sentido y será para bien?

Un momento ridículo
frente a quince mil personas

"Amor a la música" es uno de los conciertos más importantes de Miami. En éste se han presentado sobresalientes figuras del mundo latino como Ricky Martin, David Bisbal, Alejandro Sanz, Juan Luis Guerra y Laura Pausini, entre muchas otras. Como parte de mi trabajo en la radio, he tenido la oportunidad de estar en el escenario de este evento frente a miles de personas presentando a varios de estos artistas en el transcurso de los años. En general esta experiencia ha sido muy gratificante, con excepción de un momento incómodo que viví, del cual me sentí después muy orgulloso, a pesar de lo que otros pudieran opinar.

La noche del concierto me presenté junto al equipo de Amor 107.5 FM en el American Airlines Arena de Miami; yo estaba emocionado. La lista de artistas que se presentarían era insuperable; el público estaba conformado principalmente por nuestros oyentes. El ambiente rebosaba de emoción; los cantantes desfilaban por el escenario e interpretaban lo mejor de su repertorio. Los locutores de la emisora tomábamos turnos para presentar a los artistas, hasta que llegó el momento del acto final.

En ese instante, los productores del evento nos pidieron que subiéramos todos juntos al escenario para presentar al cantante español David Bisbal. El público estaba emocionado y más aún cuando todos los locutores de la emisora aparecimos en la tarima. No solamente nos demostraban su cariño, sino que además había llegado el momento que todos estaban esperando. Cada locutor tomó el micrófono sucesivamente para dar las gracias al público por su presencia en una noche tan importante para la emisora. Justo cuando estábamos a punto de presentar a David Bisbal, escuchamos una voz que venía de la parte de atrás del escenario susurrando con desesperación "¡alargaaa!" Al principio no me quedó muy claro qué era lo que querían decirnos con "alargar", hasta que en el mismo tono de murmullo nos dijeron "sigan hablando, porque Bisbal aún no se puede presentar".

Si bien la mayoría de los conductores de radio desarrollamos con el tiempo una buena capacidad de improvisación, jamás olvidamos el consejo que muchos recibimos en la escuela de comunicaciones y que dice que "el secreto de improvisar está en no improvisar". Es un juego de palabras con el que los maestros explican que, cuando no hay un libreto, la clave de que lo que decimos tenga sentido es que estemos muy claros en lo que queremos transmitir al público y conozcamos bien de lo que se va a hablar. Sin embargo, en muchos años de carrera en la radio, nunca me había visto antes frente a una audiencia, obligado a hablar por largo rato, sin tener nada más que decir.

El micrófono empezó a pasar de mano en mano entre mis colegas como una "papa caliente". Ésta fue precisamente la frase que al día siguiente utilizó un periódico local para referirse al incidente. En ese momento los locutores de la emisora nos alternábamos el derecho de palabra, concentrando los esfuerzos principalmente en recordar la programación diaria de la emisora y entusiasmar —o, como decimos a veces, "calentar"— a la audiencia para el clímax del acto final del concierto.

La espera parecía interminable para el público, y lo era aún más para los siete presentadores que en ese momento nos encontrábamos frente a miles de personas sin tener más nada que decir. Parece que la opción de tenernos allí en escena resultó más atractiva para los productores del evento, que hacernos bajar del escenario para luego regresar cuando el espectáculo estuviese listo para continuar.

En cierto momento dejaron de susurrarnos la palabra "alarga" y comenzaron a decirnos "síguelo", con lo cual querían decir exactamente lo mismo: sigan hablando, que aún no estamos listos.

En ese momento, uno de mis colegas —no recuerdo exactamente quién— decidió probar un entretenimiento distinto para la audiencia, recurriendo al viejo y útil recurso de poner al público a hacer la llamada "ola humana". En esta dinámica, que es típica de los juegos deportivos en los estadios, se pide a las personas levantarse de sus asientos y subir los brazos momentáneamente, para simular una ola del mar. Los asistentes se ponen de pie y se sientan progresivamente de una sección del estadio a la otra, con lo cual se logra un interesante efecto visual: parece que una "marea" humana circula por las graderías. Mis compañeros de trabajo comenzaron uno por uno a pedirles a las más de quince mil personas del público que hicieran la "ola". Las primeras veces las personas la hacían con muchísimo entusiasmo y el efecto visual dentro del estadio era impresionante.

Después de la tercera o cuarta "ola", Javier Romero —prestigioso presentador de radio y televisión con quien tengo el honor de trabajar en la emisora de Miami— se dio cuenta de que yo no había hablado hasta el momento y me pasó el micrófono mientras le informaba al público: "Señoras y señores, aquí tenemos al 'chico íntimo', Alberto Sardiñas". (Así me llama Javier siempre que habla al aire o en público acerca de mí, haciendo alusión al nombre de mi programa.) Y heme allí, con ese micrófono en la mano, con una "papa caliente" que, para no "quemarnos", teníamos que pasar al siguiente presentador lo más rápidamente posible.

¿Qué hacer? ¿Promocionar por tercera vez que "Íntimo" salía al aire cada noche? ¿Decir por octava vez que David Bisbal estaría en breve en el escenario? ¿Pedirle al público que hiciera la "ola" de nuevo? Sé que si lo hubiese pensado por unos segundos más, esta última jamás hubiera sido una opción, pero en ese momento, decidí pedir de nuevo "la ola humana".

La diferencia entre los momentos anteriores en los que mis compañeros le habían pedido al público que se pusiera de pie coordinadamente y cuando yo lo hice era simplemente un asunto de desgaste. Yo se lo estaría pidiendo por cuarta o quinta vez y ya el cansancio de esas miles de personas era más que evidente. Yo creo que mi mente también estaba cansada. ¡Qué mala decisión!

"¡Público de Miami —dije con una emoción más falsa que un billete de trece dólares—, llegó el momento, empezando por esta sección del estadio y hacia la derecha, de hacer nuevamente la olaaaaaa!"

¿Reacción del público? Ninguna.

¿Movimiento del público? Ninguno.

¿Mi reacción? Intentarlo de nuevo. (Querido lector, ya sé lo que piensas. Por favor no lo digas. Gracias.)

¿La segunda vez sí lo hicieron? Tampoco.

Allí estaba yo, en un escenario frente a quince mil personas, que parecía que habían decidido al unísono que ya habían hecho suficientes olas humanas ese día, que no harían la que yo les pedía. ¡Carajo! El silencio era tal que fue posible escuchar los abucheos e insultos que proferían algunos debido a la frustración porque Bisbal aún no llegaba al escenario.

Inmediatamente le devolví el micrófono a Javier, quien fue informado en ese instante —¿por qué la información no llegó un minuto antes?, me lamentaba yo— que se habían resuelto los inconvenientes técnicos y que nuestra estrella invitada estaba lista para salir a escena. Nunca había disfrutado tanto yo las notas de "Bulería"…

A partir de esa noche, no me quedó más remedio que resignarme a escuchar de vez en cuando los chistes de varios compañeros de trabajo a quienes seguía causándoles risa el desafortunado suceso. "Alberto, ¿ya hiciste hoy la ola humana?" "Aquí está Alberto, el experto en olas" "¿Hoy conduces un evento? ¿Y vas a hacer la ola?" Menos mal que entre lo que he aprendido con el tiempo está el no tomarme las cosas tan en serio y reírme de mí mismo.

Todos en la vida nos hemos visto o nos vamos a ver frente a situaciones en las cuales tenemos que tomar decisiones rápidamente. En algunos momentos esas decisiones nos van a favorecer y en otras ocasiones las cosas no saldrán tan bien como esperábamos. Sin embargo, hay una gran diferencia entre decidir y no hacerlo. Cuando decidimos algo, tenemos un 50% de probabilidad de que la decisión haya sido buena y que las cosas salgan bien. Cuando nos paralizamos y no decidimos, entonces la probabilidad de éxito se reduce a cero.

Aunque las cosas en ese momento no me salieron como yo quería y pasé un instante embarazoso frente a miles de personas —quienes seguramente lo olvidaron cinco minutos después—, lo importante es que en ese momento me arriesgué y jugué mi 50% de probabilidad de que las cosas salieran bien, aunque al final no haya sido así.

A veces nos vamos a ver en un dilema como éste con sólo unos segundos para decidir; en otras ocasiones tendremos tiempo para pensarlo. Decidir y no paralizarse es lo que hacen las personas exitosas; lo intentan muchas veces, y muchas veces fallan, pero ésta es la única manera de conseguir lo que se proponen. Y lo logran.

El poder de **TU** historia

¿Alguna vez te has perdido de una posibilidad maravillosa en tu vida porque no te atreviste a tomar un riesgo? ¿Valió la pena no tomar una decisión, o ahora desearías haberte arriesgado?

¿Cuál es esa situación que está ocurriendo en tu vida en este momento sobre la cual sería importante que tomaras una decisión pronto, para no perder una gran oportunidad?

Si deseas ver fotos de eventos y conciertos en los que he participado, como "Amor a la Música" en el que no logré que nadie hiciera la ola humana, puedes visitar: www.albertosardiñas.com.

Muchos disparan primero y preguntan después

Rosalinda es una querida oyente del programa que en más de una ocasión se ha comunicado conmigo para comentar sus duras experiencias personales. Un día nos llamó y yo tenía la certeza de que algo más había ocurrido en su vida, pero ella me explicó que no. Me llamaba porque quería comentar conmigo una historia de autor anónimo que le había llegado por correo electrónico.

Me cuenta Rosalinda que una pareja de jóvenes tenía varios años de casados y desde su boda habían comenzado a tratar de tener hijos, pero se les había hecho imposible. Con la idea de no sentirse solos, decidieron comprarse un perro bóxer.

Con el pasar de los años desarrollaron un amor tan grande por su mascota que llegaron a considerarlo un hijo. Lo tenían desde que era un cachorro y, en muchas ocasiones, el perro los salvó de que algún ladrón entrara a su casa. Su fidelidad estaba más que comprobada y el amor entre el perro y sus amos era mutuo.

Al pasar unos años, la pareja finalmente logró tener ese hijo que tanto querían. Ellos no cabían en sí mismos de la felicidad. Como es natural en casos como éste, el tiempo y dedicación que su bebé requería hizo que las atenciones hacia su perro se viesen disminuidas involuntariamente. La mascota se sintió relegada, y de vez en cuando mostraba celos hacia el bebé. También dejó de ser el animal cariñoso que siempre había sido con sus dueños por tantos años.

Cierta noche, cuando el bebé había cumplido unos pocos meses, lo dejaron durmiendo tranquilamente en su cuarto y se fueron a su habitación a dormir. A las pocas horas, escucharon que el perro rasguñaba la puerta de su habitación. Al abrir se encontraron con una escena terrible: la puerta del cuarto del bebé estaba abierta y el perro, con la boca completamente ensangrentada, los miraba moviendo la cola alegremente.

El hombre pensó lo peor y, mientras la mujer corría desesperada al cuarto del bebé, inmediatamente sacó un arma que guardaba en un cajón. Mató al perro en el acto. Cuando llegaron al otro cuarto, el bebé dormía plácidamente y en el piso yacía inerte una enorme serpiente con señales de mordeduras en la cabeza.

El hombre comenzó a llorar, susurrando con arrepentimiento: "¡He matado a mi perro que me era tan fiel!"

Todos hemos hecho juicios apresuradamente. Éste es un error que debemos evitar. Juzgamos por las apariencias, por el comportamiento o por lo que otras personas nos cuentan. No nos tomamos el tiempo y el trabajo que se requieren para entender mejor la razón de las acciones y palabras de los demás. En vez de ello, actuamos de inmediato para destruirlas con nuestras palabras o con nuestro silencio.

En ocasiones, lo que parece malo en realidad es todo lo contrario. Hoy te invito a que le des una nueva oportunidad a la apariencia, las palabras y las acciones de las personas que tienes a tu alrededor. Te prometo que te vas a sorprender con las cosas que un par de preguntas más —o unos segundos más de silencio— te van a permitir descubrir sobre esa persona o la situación que estás viviendo con ella.

El poder de TU historia

Yo confieso que me ha ocurrido. Y tú, ¿alguna vez has juzgado a alguien prematuramente y eso te ha llevado a tomar una decisión equivocada?

¿Tienes alguna disculpa pendiente con alguien por el hecho de haberle juzgado apresuradamente y de manera errónea, y haberle afectado con tus palabras o acciones? ¡Nunca es tarde para disculparnos y reconocer que aprendimos una lección!

Stephan:
un milagro lleno de lecciones

Una noche de gala en la que todos lucíamos nuestro mejor vestuario de etiqueta conocí a un adolescente que se veía como un chico cualquiera, excepto que su cabeza, completamente calva, llamaba la atención de todos. Sí, supones bien, era paciente de cáncer y estaba bajo tratamiento. Pero esa noche era diferente y especial. Este adolescente de sonrisa casi permanente sorprendería a todos al subir al escenario: durante unos minutos sería el baterista que acompañaría a una cantante latina de fama internacional. El escenario era el mismo donde yo había estado a cargo minutos antes de una subasta benéfica.

La cantante de origen cubano y ganadora del premio Grammy Albita Rodríguez era una de las atracciones principales de la gala anual en Miami del St. Jude Children's Research Hospital, el cual por muchos años ha tenido un lugar muy especial en mi corazón. Cada año atienden a miles de familias que intentan salvar la vida de sus hijos que padecen enfermedades catastróficas como el cáncer. Además de brindar tratamientos sin costo a aquellos pacientes que no tengan recursos para pagarlos, el hospital invierte millones de dólares al año en el área de investigación, y todos sus descubrimientos y tratamientos son compartidos con cientos de hospitales alrededor del mundo.

Cuando Albita subió al escenario junto a su banda, nadie esperaba que aquel niño calvito que habíamos presentado como paciente del hospital tendría el talento y la fuerza que hacen falta para llevar el ritmo en la batería de una de los actos musicales más prestigiosos del mundo latino. Su aspecto delgado —resultado del severo tratamiento médico al que estaba sometido— contrastaba grandemente con ese espíritu de vida y esa energía que lo convirtió en la atracción de la noche, motivando aplausos efusivos y lágrimas emocionadas de todos los presentes.

Fue así como conocí a Stephan Gutiérrez. Me contó su historia. A principios de 2007, cuando sólo tenía once años de edad, un día empezó a sentir un terrible dolor en su barriguita mientras estaba en el cine junto a su mamá, su hermano gemelo y su hermanita. Stephan me confesó que, aunque sentía algo extraño, no quiso decir nada en ese momento porque quería terminar de ver la película. Patricia, su mamá, lo llevó rápidamente al hospital; los médicos descubrieron una masa en su estómago. Los doctores no pudieron determinar de qué se trataba y llegaron a la conclusión de que Stephan necesitaba de un hospital infantil con un nivel de especialización mucho mayor. Decidieron enviarlo de inmediato al Hospital St. Jude en la ciudad de Memphis.

El único sitio en el mundo que podía brindar algún tipo de esperanza a Stephan era el mismo que su familia había apoyado con donaciones durante años. La colaboración previa de la familia Gutiérrez no influyó en su admisión —la cual fue basada solamente en su condición médica—, pero fue, definitivamente, un llamado de atención. Se trató de un recordatorio de que en esta vida es importante ser siempre generosos, porque nunca sabemos cuándo podríamos necesitar ayuda de quien ayudamos. Si no existieran miles de familias generosas como la de Stephan, un hospital como éste, que brinda tanta esperanza, tampoco existiría.

A las pocas horas de llegar a St. Jude, la familia quedó conmocionada con el diagnóstico: Stephan tenía un "tumor desmoplástico de célula pequeña". Aunque la denominación del padecimiento era casi incomprensible para ellos, la explicación era descorazonadora: se trataba de un tumor maligno que se desarrolla en masas múltiples en el abdomen; en estos casos, las probabilidades de supervivencia son muy bajas.

Con el diagnóstico comenzó una dura travesía —varios ciclos de quimioterapia y una cirugía— que hizo de Stephan un milagro de supervivencia y un ejemplo de vida para todos, incluso para mí. El amor que Stephan había dado siempre a sus amigos, familiares, maestros y compañeros de escuela se vio retribuido en infinitas manifestaciones de cariño de parte de todo su entorno.

En una de las muchas ocasiones en las que he tenido la oportunidad de entrevistar a Stephan y a su mamá en mi programa de radio, ella me contó que él quería saberlo todo: desde el nombre completo del diagnóstico hasta las probabilidades de supervivencia. Le hizo frente a sus tratamientos, así como a la consecuente caída de su cabello, con una valentía impresionante. Mientras todos se preocupaban por su estado de salud y su condición emocional, era el mismo Stephan quien se aseguraba de darle ánimo a sus seres queridos.

La noche en que participó alegremente en la gala donde lo conocí, a este joven extraordinario aún le faltaban varios tratamientos y había poca certeza respecto a su recuperación. Sin embargo, su sonrisa mostraba cualquier cosa menos preocupación. Con el pasar del tiempo tuve la oportunidad de compartir con Stephan y su familia en múltiples eventos relacionados con el hospital. Fue así como me di cuenta de que su fortaleza y actitud positiva en la vida eran las mismas tanto cuando estaba en un escenario como cuando se encontraba a punto de recibir un nuevo ciclo de quimioterapia.

A pesar de que las probabilidades estaban en su contra, la salud de Stephan ha evolucionado satisfactoriamente y se ha convertido en un vocero del hospital para invitar a la gente a colaborar con esta causa. Así ha desarrollado una soltura increíble a la hora de dar entrevistas de radio y televisión y contar su historia tanto en inglés como en español.

Siempre me ha impresionado el balance que mantiene entre la conciencia respecto a su enfermedad y el simple hecho de querer disfrutar la vida como cualquier joven de su edad. Hemos dado entrevistas juntos en diversos medios para promover la causa del St. Jude, ha sido *disc jockey* invitado en mi programa de radio presentando temas musicales, le he enseñado a usar los equipos del estudio de radio y hemos compartido momentos muy emotivos frente a cientos de personas que participan en las recaudaciones de fondos del hospital.

A través de los años he podido visitar el hospital y he conocido a muchos pacientes con diversas dificultades de salud y en edades que van de los dos a los dieciocho años de edad. Es difícil no encariñarme al conocer sus historias y tener la oportunidad de hablar personalmente con cada uno de ellos. Más duro aún es el momento en el que siento la necesidad de preguntar, meses después, cómo sigue alguno de los pacientes que conocí. En más de una ocasión la respuesta de Paola Cassana —una querida amiga que trabaja incansablemente para St. Jude— es el silencio. No necesito más para saber que ese paciente perdió su batalla. Es muy duro.

Dios le ha dado a Stephan Gutiérrez la oportunidad de seguir adelante en su lucha y de continuar inspirando una nueva visión en todos los que alguna vez nos hemos quejado por cosas tontas, mientras otros pelean por sobrevivir. Stephan es el amigo más joven que tengo. Es la mente y el espíritu de una persona experimentada y sabia en el cuerpo de un adolescente.

O, en términos que entenderán muy bien los fanáticos de la película *Karate Kid:* es como si tuvieras un amigo que luce como Daniel Larusso, pero que piensa y habla como su maestro, el Señor Miyagi.

Todos nos hemos quejado de cosas que nos parecían el fin del mundo, para después darnos cuenta de que eran en realidad una tontería comparada con aquellas que son verdaderamente importantes. Recuerdo una vez que dejé de comprarme un aparato electrónico que estaba de moda porque tuve que gastarme el dinero en una reparación de mi casa. Pasé el día de mal humor cuando supe lo que costaría el arreglo. Aunque de vez en cuando todavía cometo errores como ese, historias como la de Stephan me han enseñado a poner los problemas en perspectiva.

¿Cómo se compara ese "problema" con el hecho de que no tenemos que luchar contra una enfermedad mortal, o que no estamos pasando hambre como tantos millones de personas en el mundo? Sé que tus problemas te parecen graves, pero el sólo hecho de que en este momento puedas estar leyendo esto, hace que seas parte de ese grupo de personas privilegiadas a las que no nos falta ninguna necesidad básica.

El poder de **TU** historia

¿Cuándo fue la última vez que te pusiste de pésimo humor debido a una situación en la vida para darte cuenta más tarde de que eso no era suficientemente importante?

¿De qué cosas positivas que sí tienes en tu vida (como la salud o un techo bajo el cual dormir) podrías acordarte la próxima vez que te preocupes por algo que en realidad no es tan importante?

Si Stephan puede ver una situación de vida o muerte con tanto optimismo, ¿será que puedes intentar hacer lo mismo con las dificultades de tu vida?

Para más información sobre cómo colaborar con el Hospital St. Jude, visita: www.stjude.org/espanol.

Tropecé de nuevo y con la misma piedra

Hay canciones que permanecen en nuestra memoria por siempre y, en ocasiones, cuando una situación se nos presenta o alguien nos cuenta algo que le ocurrió, el título de una de ellas puede venir inmediatamente a nuestra mente. Cuando Amelia se comunicó conmigo a la radio para contarme su historia, enseguida pensé en la canción "Con la misma piedra", del compositor mexicano Jorge Massias, dada a conocer ampliamente por Julio Iglesias.

Amelia mostraba un nivel de ansiedad tan alto que no sabía por dónde empezar a contarme su historia. Le pedí que respirara profundo y que se sintiera como en casa; que intentara olvidar que el público la escuchaba y que se imaginara que solamente hablaba conmigo en la sala de su casa. Esto aparentemente le ayudó a calmar un poco sus nervios. Lentamente y con la voz entrecortada, comenzó su relato. Me contó que había tenido una relación con un hombre casado. "Lo conocí hace casi veinte años; nos presentó un amigo que era empleado de él. Mi amigo me decía que me lo quería presentar porque, aunque era un hombre casado, su matrimonio no iba bien. Me dijo que estaba listo para divorciarse y que me iba a gustar mucho porque era un hombre guapo y exitoso". Cuando lo conoció, Amelia estaba tan emocionada que el tema del compromiso que este hombre tenía entonces nunca vino a la conversación. La emoción del momento le impidió reparar en las potenciales consecuencias negativas de una noche de pasión —que ocurrió la tercera vez que se vieron—: Amelia se hizo su amante.

"Yo sabía que tenía una esposa, pero siempre confié en mi amigo que me decía que se estaban separando. Yo a él no le decía que yo estaba enterada, sino que dejé que me conquistara como si los dos estuviéramos solteros. Siempre nos veíamos en mi casa, aunque de vez en cuando me llevaba a hoteles caros. Yo en mi vida nunca había ido a un hotel; solamente conocía las pequeñas posadas de carretera que encontré cuando salí de mi país, camino a entrar ilegalmente en Estados Unidos".

Luego de un poco más de un año de estar saliendo con este hombre, Amelia quedó embarazada, y él seguía sin divorciarse. Ella estaba hipnotizada por este "novio maravilloso y generoso" que tantas cosas le daba, pero todo se acabó cuando ella le dio la noticia. "Él se quedó callado e inmediatamente me llevó a mi casa. Al día siguiente yo traté de hablarle, pero no atendía su teléfono y nunca respondió mis mensajes. Quería que me dijera por qué no estaba tan feliz como yo, luego de que habíamos hablado tanto sobre nuestro futuro juntos. A los dos días, el amigo que nos había presentado me llevó un sobre de parte de él. Era dinero, mucho dinero, más del que yo había visto junto en toda mi vida. Me decía en una nota que no nos podríamos ver más, que las cosas con su esposa se habían arreglado y si ella se enteraba de mi embarazo, todo se volvería a dañar entre ellos".

Después de más de un año juntos, este amor, que para ella era oficial pero para él era clandestino, había llegado a su fin, dejando a Amelia sola y embarazada de una hija que tendría que mantener sola. El dinero que le envió —que parecía tanto al ver un billete sobre el otro— se acabó en pocos meses; cuando la niña nació ya no le quedaba nada.

Aunque esto había ocurrido dieciocho años antes, Amelia lo contaba con tanto dolor como si le hubiese pasado ayer. "Pero la historia no termina allí, Alberto". No siempre me ocurre mientras hago el programa de radio, pero esta vez tenía un presentimiento sobre lo que me iba a contar, porque en algún momento de la conversación la escuché hablar de sus "hijas" en vez de su "hija".

"Me dediqué a mi hija al cien por ciento, trabajando para sacarla adelante. Unos años después conocí a otro hombre. También era casado, pero esta vez no lo supe desde el principio. Él me mintió hasta que a los ocho meses de estar saliendo con él me enteré de que tenía esposa. Lo confronté: lo admitió, pero la verdad, Alberto, es que yo ya me había enamorado".

Al poco tiempo Amelia quedó embarazada de este nuevo hombre en su vida. Éste también desapareció al enterarse de la noticia, pero, a diferencia del primero, no le dejó ni un centavo para los gastos médicos o de la bebé que venía en camino.

Al preguntarle sobre la posibilidad de proceder legalmente contra los padres de sus hijas, ella respondió que nunca se atrevió porque pensaba que ponía en riesgo su condición migratoria y que pudieran quitarle a sus hijas. "Yo he tenido que trabajar muy duro, soy madre soltera y el amor por mis hijas siempre lo he puesto por encima de cualquier cosa. No me importa que estos dos hombres no me ayuden con los gastos. Yo igual no los quiero ver nunca más".

Algo que he aprendido al conducir un programa en el que las personas cuentan historias tan íntimas es que, en la mayoría de los casos, nuestras experiencias de vida tienen una relación muy cercana a las experiencias de nuestros padres, así como con la forma en la que nos criaron. Por esa razón le pregunté a Amelia si había conocido a su padre y que cómo había sido su relación con él. Aunque le pareció que mi pregunta no tenía nada que ver con su historia, su respuesta fue muy ilustrativa: "Mi mamá solamente me tuvo a mí, pero fue muy difícil para ella porque mi padre también era un hombre casado con otra mujer. Mi mamá también fue la amante de un hombre casado". La historia de Amelia no era la primera en su familia.

Mi siguiente pregunta a esta mujer tan herida marcó el inicio del segmento más emotivo de nuestra conversación:

—¿Qué edades tienen tus hijas?

—Dieciocho y doce —me respondió.

—¿Te gustaría que tus hijas también salgan con hombres casados que no las valoran?

—No —dijo sin dudar.

—¿Te parece posible que la historia se repita con ellas?

—Es posible, porque además yo no he querido decirle a ninguna de las dos lo que pasó. No quiero que me juzguen.

En ese momento comenzó a llorar. "Hay un sueño que tengo muy seguido, donde me veo frente a un juez que me dice que soy culpable, que yo cometí un delito y que tengo que pagarlo. Se lo comenté a mi hermana y me dijo que lo que necesitaba era perdonarme a mí misma por haber dejado a mis hijas sin padre y porque me haya sucedido la misma historia dos veces en la vida".

Coincidí completamente con la hermana de Amelia. A menos que ella dejara de sentirse culpable por lo que había hecho, las probabilidades de que la historia se repitiera en el caso de sus hijas eran altísimas. El perdón propio era necesario, pero no había tiempo que perder, porque su hija de dieciocho años había comenzado a salir con un hombre bastante mayor.

Amelia se comprometió conmigo a hacer dos cosas sumamente importantes: la primera fue llamar a una organización que le recomendamos, la cual ofrece terapia psicológica a muy bajo costo para personas de bajos recursos. Era importantísimo que tanto ella como sus dos hijas buscaran ayuda profesional para entender exactamente por qué esta situación se estaba repitiendo de una generación a otra y cómo romper ese círculo vicioso.

La segunda parte de su compromiso conmigo era hablar con sus hijas y contarles claramente su historia, que no podía seguir siendo un misterio. Había llegado el momento en el que esta madre que tanto amaba a sus hijas, tuviera un nuevo gesto de amor con ellas, explicándoles claramente cuáles fueron sus errores y ofreciéndoles su ayuda y la de expertos para que esto no volviera a ocurrir en una tercera generación de mujeres.

Una de las principales razones por las cuales elegimos como pareja a una persona que no nos conviene es porque buscamos la felicidad a través de otros, en vez de tratar de encontrarla primero en nosotros mismos. El amor que viene de los demás hacia nosotros es el equivalente al momento en el que un bebé camina, comparado con el amor hacia nosotros mismos, que equivale al momento en el que un bebé comienza a gatear. Así como no podemos caminar sin haber gateado, no podemos buscar verdadero amor en los demás si no nos amamos a nosotros mismos.

Cuando cometemos el mismo grave error más de una vez, corremos el riesgo de que nuestra vida se quede estancada en las mismas conductas de siempre, y entonces permanecemos en una posición que no nos trae ningún tipo de felicidad sino, por el contrario, más sufrimiento. Es, como dice la canción, "tropezar de nuevo y con la misma piedra". Sin embargo, en el mo-

mento que buscamos ayuda y nos dedicamos a encontrar las lecciones que Dios y la vida tenían para nosotros al enfrentarnos a esa situación, estamos creciendo como seres humanos; esta actitud permitiría evitar que la historia se repita en nosotros mismos o en nuestros hijos.

El poder de **TU** historia

¿Alguna vez has iniciado una relación de pareja aunque sabías que no estabas en tu mejor momento y no sentías amor propio? ¿Podrías relacionar esto con el hecho de que esa relación no haya funcionado?

¿De dónde proviene principalmente el amor en tu vida, de tu propia valoración o de otras personas? ¿Qué pasaría con tu valor propio si esas personas no estuvieran en tu vida?

¿Has cometido más de una vez algún error que, a lo mejor, sigues cometiendo? ¿Crees que podrías encontrar las lecciones que ese error te trae, para así ponerle fin a esa conducta y no tropezar de nuevo y con la misma piedra?

Por poco no conocí
a la mujer de mi vida

Contratado como orador principal en una serie de conferencias sobre la salud física y emocional de la mujer, un día aterricé en San Diego, California. Luego de haber recorrido otras cinco ciudades del país con la fundación Hablando de la Salud de la Mujer, que organizaba los eventos, me emocionaba llegar al sur de California. Muchas personas me habían hablado de la belleza de San Diego, hasta el punto que pedí a los organizadores que extendieran mi regreso para contar con un día más para recorrer la ciudad. Quién diría que ese fin de semana cambiaría mi vida.

Desde la noche de mi llegada me sentí en casa. Mis anfitriones me habían recibido con entusiasmo. Luego de dejar mi maleta en la habitación, acepté la invitación a charlar un rato con ellos en el vestíbulo del hotel. Una de las organizadoras del evento me preguntó cuáles eran mis planes para el resto del día de la conferencia, así como los del día siguiente. Me imagino que habría visto mi itinerario de vuelo y se había preguntado esa noche de viernes por qué un conferencista que haría una presentación de cuarenta y cinco minutos a las nueve de la mañana del sábado, se quedaría en San Diego hasta las cuatro de la tarde del domingo. ¿Habría limitaciones en el itinerario de vuelos a Miami? ¿Estaría invitado a participar en alguna otra conferencia en la ciudad? ¿Tendría familia que visitar? Me pregunto si habrá pasado por su mente la respuesta correcta: turismo.

Luego de dar mi conferencia temprano y dedicar un tiempo a hablar con las mujeres que asistieron al evento, la persona que me había preguntado por mis planes la noche anterior se acercó a mí para comunicarme que tenía la respuesta a mi pregunta sobre un servicio de transporte que me llevara a conocer la ciudad.

—¡Mil gracias por averiguar! ¿Cuánto me costaría un servicio que me lleve a recorrer la ciudad esta tarde? —le pregunté.

—No te costará nada —me respondió—, te va a llevar mi papá. Tiene el día libre y le encanta la idea de enseñarle la ciudad a alguien que la visita por primera vez.

Así pasé una tarde maravillosa con un hombre increíblemente amable y conversador, que me llevó a tantos sitios como nos permitió el tiempo. Al regresar al hotel, el evento ya estaba terminando pero, antes de subir a mi habitación a descansar, mi nueva amiga se aseguró de citarme en punto de las cinco para un brindis donde todo el equipo celebraría el éxito de la actividad.

Dormí alrededor de una hora. A las cinco en punto sonó el teléfono de mi cuarto. Sin vergüenza alguna, esta amiga —insistente, ¿verdad?— quería asegurarse de que llegara a tiempo a la celebración. Y allí estuve finalmente, aunque con unos minutos de retraso.

Era una reunión muy íntima, de unas diez personas aproximadamente, organizada de manera improvisada en uno de los salones del hotel, rodeados de cajas repletas con los materiales de la conferencia. La protagonista de la fiesta era una botella de tequila, puesta en el centro de una gran mesa redonda. A diferencia de las típicas fiestas con tequila, en esta breve celebración nadie tomaría más de uno o dos tragos porque, a pesar de tratarse de una fiesta, estaba enmarcada en un ambiente corporativo.

A medida que veía las caras de las personas allí presentes, me di cuenta de que durante el transcurso de ese día las había conocido a todas. A todas, menos a una.

Al otro lado de la mesa alrededor de la cual todos está-bamos de pie para el brindis estaba una mujer muy bella, de piel blanca, cabello castaño oscuro, ojos color avellana y una sonrisa casi permanente. Mientras todos estaban concentrados en escuchar las palabras de agradecimiento de los organiza-dores, en mi mente los discursos se convirtieron en ruidos in-comprensibles y mi atención se desviaba constantemente hacia esa mujer que tenía algo —no sé qué— que me impulsaba a acercarme a ella.

El tiempo transcurría, la reunión estaba a punto de terminar y nadie me había presentado a esta mujer que yo no podía dejar de mirar. Respiré profundo, caminé hasta el lado opuesto de la mesa, me acerqué a ella y le dije en mi mejor inglés: "*Hi, nice to meet you. I am Alberto*". Ella respondió en un perfecto español, que contrastaba con su apariencia "gringa": "Hola. Soy Fei".

Me dio mucha alegría saber que hablaba perfecto español y desde ese momento empezamos a conversar. Al ver que no parábamos de hablar, algunos de los invitados de la fiesta nos convidaron a unirnos a ellos en el bar del hotel, y así lo hicimos.

Le pregunté si sabía de algún transporte turístico que yo pudiera contratar al día siguiente para seguir conociendo San Diego. Ella me respondió que no tenía planes al día siguiente y que me podía llevar a dar una vuelta.

El día siguiente fue verdaderamente mágico, desde el mo-mento de su puntual llegada al hotel. Me llevó a lugares que no había visto el día anterior, mientras conversábamos sin parar y nos empezábamos a conocer. A mitad de la tarde llegó la hora de irnos al aeropuerto. Necesitaba llegar un poco antes de lo pautado, así que —a pesar de que hubiera preferido quedarme más tiempo con ella— tuve que pedirle que me dejara en la ter-minal anticipadamente. No sabía si iba a poder tomar un vuelo más temprano de San Diego a Los Ángeles, pero tenía que intentarlo. Me preocupaba mucho el hecho de estar tomando el último avión de Los Ángeles a Miami, con muy poco tiempo entre un vuelo y otro.

Al llegar al aeropuerto, ninguno de los dos quería despedirse. Intercambiamos teléfonos y correos electrónicos. Nos dijimos adiós con un fuerte abrazo y con mis palabras de agradecimiento por haberse tomado el día para pasarlo conmigo. A los pocos minutos de haberme registrado —ella ya se había ido— me confirmaron que sí podría tomar un vuelo más temprano. Ya en el avión la llamé para avisarle y también para agradecerle de nuevo por sus atenciones. Ella me dijo: "Me estaba regresando al aeropuerto pensando en acompañarte en la espera si no llegabas a tomar ese vuelo".

Eso fue un indicio de que yo no había sido el único de los dos en sentir esa conexión tan especial. Esa mujer que había conocido hacía menos de veinticuatro horas tenía algo completamente distinto a todas las que yo había conocido antes en mi vida.

Ese "no sé qué" se confirmó cuando comenzamos a viajar para vernos de nuevo; fuimos novios a larga distancia —ella en San Diego, yo en Miami— durante más de dos años. Pasado ese tiempo, la decisión de que Fei se mudara a Miami, la sorpresa que le di con un anillo de compromiso mientras navegábamos en un crucero por el Caribe, así como la boda más tarde —también en altamar para simbolizar nuestra "relación viajera"— nos convirtieron con el tiempo en marido y mujer.

¿Qué habría pasado si no hubiese seguido mi instinto y no le hubiese dado la vuelta a la mesa para acercarme a esa mujer que tanto me intrigaba? ¿Qué sería de mi vida si a lo mejor me hubiese puesto a conversar en esa fiesta solamente con las personas que ya conocía y no hubiera intentado acercarme a la única persona que no me habían presentado? De no haber seguido mis instintos, no hubiese conocido a la mujer de mi vida.

Sólo Dios y la vida saben cómo lograr que un hombre nacido en Venezuela —de padre cubano y madre colombiana—, que vive en Miami, se uniera para el resto de su vida con una mujer mexicana de padre y madre, que hace muchos años se mudó de la Ciudad de México a San Diego. Así como la nuestra, detrás de cada pareja hay una historia que sorprende debido a un momento crucial, y que podríamos denominar como el "pequeño milagro" que los unió.

Casi todos los grandes logros de la vida se deben a un momento de valentía. Se trata de ese instante en el que tomamos una decisión que a veces parece pequeña, pero a la vez se siente un poco incómoda. Nuestra mente por lo general encuentra muchas razones para oponerse, pero nuestro corazón dice lo contrario. Siempre y cuando sepas que ni tú ni nadie corren peligro, confía en tus instintos. Sentirse incómodo en momentos decisivos es algo natural. Camina hasta el otro lado de la mesa, aunque no conozcas al que está allí, y atrévete a descubrir por qué hubo algo que te invitaba a acercarte a esa persona, situación o decisión de vida. Podría ser —tal como me ocurrió a mí— uno de los sucesos más importantes de tu vida.

El poder de TU historia

¿Cuál fue ese momento crucial en el que tomaste una decisión que parecía pequeña, pero que cambió tu vida personal o profesional para siempre?

¿Será que recordar esa experiencia podría ayudarte a ser un poco más valiente cuando en un futuro se te presente otro dilema parecido?

Víctima del abuso de su propio primo

Los primeros años en la vida de un ser humano son importantísimos porque durante éstos se va formando el carácter de la persona, incluyendo sus debilidades y fortalezas. En un mundo que está lleno de agresividad y en ocasiones de una gran falta de información para educar a los más pequeños en casa, se corre el riesgo de echar a perder esos primeros años formativos y crear traumas que una persona podría sufrir por un largo tiempo. Cuando escucho llamadas con historias como la de Ricardo, mi corazón se llena de tristeza, pero hago un esfuerzo por no quedarme anclado en el sufrimiento que la persona está expresando, sino en ser un amigo que le ayude a abrir los ojos a las grandes posibilidades que todos tenemos de superarnos y ser más fuertes y felices.

Ricardo nos llamó al programa para contarnos que, mientras vivía en Guatemala, cuando él tenía solamente siete años de edad, sus padres se separaron. Mientras su madre trabajaba, él quedaba a cargo de su tía a su regreso de la escuela. Ella se encargaba de darle de comer y de asegurarse de que hiciera sus asignaciones, entre muchas otras cosas.

Cuenta Ricardo que muchos de sus tíos y primos vivían en Estados Unidos y constantemente iban a visitarlos en Ciudad de Guatemala, a donde llegaban con muchos juguetes para todos. La tía que lo cuidaba tenía un hijo de doce años. En una ocasión este primo invitó a Ricardo a su habitación para mostrarle, supuestamente, los juguetes que la familia le había traído.

—Cuando entré al cuarto, él se puso muy agresivo conmigo. Cerró la puerta con seguro, me tapó la boca, me agarró las manos y también las piernas. Mi primo en quien yo confiaba ciegamente me bajó el pantalón y me violó —dijo Ricardo entre lágrimas.

En ese momento sentí como si el pecho me hirviera de la rabia y la frustración. Las palabras al principio no me salían. La historia se puso peor:

—Mi primera reacción fue quejarme inmediatamente con mi tía y decirle lo que su hijo me había hecho. Se lo dije llorando frente a mi mamá, quien enseguida volteó a verme con ojos de indignación, y en vez de apoyarme agarró una paleta de madera y me empezó a pegar directamente en la boca y me quebró los dientes.

Ricardo no tenía palabras para explicar lo que había sentido en ese momento y cómo eso lo había traumatizado para siempre.

—Ella estaba negada a que eso hubiese pasado pero yo sé que fue así. Pasados los años, a los doce años de edad ya me emborrachaba robándome el alcohol de cualquier parte de la casa donde lo viera. También me robaba los cigarrillos y fumaba desde esa edad. Nunca he podido curarme de eso. Ya tengo veinticuatro años y mis heridas no han sanado.

Luego de todos estos años, la madre de Ricardo seguía negándose a admitir que eso había pasado, y siempre que el tema salía a relucir, ella lo consideraba un intento de su hijo de llamar la atención en aquel momento. Decía que era una historia que él se había inventado porque estaba envidioso de que a su primo mayor sí le habían traído juguetes de Estados Unidos en aquella ocasión y a él no.

La tía de Ricardo se había vuelto a casar y se había mudado con su hijo a México debido a compromisos laborales de su nuevo esposo, por lo cual habían perdido casi todo contacto con ellos.

Este joven vivía en constante agonía y con una sensación de que no valía lo suficiente como ser humano. Quería ser abogado, pero dejó de estudiar cuando se graduó de técnico electricista "porque me decían que yo no iba a ser capaz". En cuanto a sus relaciones de pareja, cada vez que comenzaba a salir con una mujer estaba muy feliz, hasta el momento en el que trataban de tener relaciones íntimas y su ansiedad no se lo permitía.

Me partía el alma escuchar la voz llorosa de alguien que había pasado por un momento tan rudo diecisiete años atrás y que aún lo deprimía y le afectaba la vida como si hubiese ocurrido ayer. Sin embargo, Ricardo estaba claro en que no podía seguir adelante con su vida si continuaba aferrado de esa manera tan cruda a esa experiencia tan traumática. Nadie podía pretender que él se olvidara de algo así por completo, pero era importantísimo que trabajara para superarlo y perdonar para poder seguir adelante y buscar su felicidad.

En ese punto de la conversación le pregunté a Ricardo: "Si tuvieras que elegir una de estas dos opciones, tu dirías que eres ¿víctima de la vida o dueño de tu vida?" Inmediatamente me respondió que se sentía como una víctima de todo lo que le había ocurrido. Él sentía que la vida había sido injusta con él, se sentía completamente falto de fe y daba la impresión de estar arrastrándose día tras día, sin controlar lo que quería para sí mismo ni lo que le ocurría. Más bien parecía estar *esperando* su próxima tragedia.

Entonces le recordé que todos tenemos la opción de ser víctimas de lo que nos ha ocurrido, con lo cual estamos a la expectativa de que la gente nos compadezca y a merced de cualquier cosa que venga para nosotros. Sin embargo, el otro camino que se puede tomar —el que más me gusta y recomiendo— es el de entender que nos han ocurrido cosas pero no podemos dejar que esas experiencias nos definan, sino que tenemos que tomar el rol de creadores y dueños de nuestras acciones.

"Es muy típico —le dije— que una persona que ha sufrido tanto se sienta permanentemente como una victima de la vida. Pero a los veinticuatro años, siendo ya una persona adulta, tienes la posibilidad de ser alguien que crea y atrae cosas buenas para su vida y que no permite que el pasado lo persiga por el resto de su existencia".

El silencio de Ricardo me dio a entender que había algo de mi opinión como amigo que había tenido eco en él. Había llegado el momento de que este hombre, hecho y derecho, se llenara de fe e hiciera algo, siguiendo aquella frase que reza "a Dios rogando y con el mazo dando".

Ricardo entendió que el comienzo de este proceso requería que tomara medidas para dejar de ser una víctima de la vida. El primer paso al que se comprometió conmigo fue a buscar ayuda para superar estos traumas. Él decidió asistir a un servicio de apoyo psicológico que se ofrece en su ciudad para personas que no tienen los recursos para pagarlo. Así como él se decidió por la psicoterapia, otras personas buscan distintos tipos de ayuda muy legítimos, como el de un sacerdote, un pastor, un rabino o algún otro líder espiritual de confianza para ellos.

"Prometo llamar al número de ayuda, Alberto, y sobre todo te prometo dejar de ser una víctima y busca mi felicidad. Gracias por escucharme", dijo al despedirse.

Hay situaciones en la vida que son más traumáticas que otras. Una violación, especialmente a la edad que le ocurrió a Ricardo y sin contar con el apoyo de su madre, es algo muy difícil de superar. Lo más importante es reconocer que tenemos un trauma que nos está limitando en la vida y encontrar la voluntad para emprender el camino de superarlo. Los seres humanos no nacimos ni fuimos educados para lidiar por nosotros mismos con situaciones tan traumáticas como esa, y hay que aprovechar la experiencia y los consejos de personas que están dispuestas a ayudarnos en el proceso.

Todos tenemos traumas que son muy difíciles de olvidar, pero definitivamente siempre es posible reconciliarnos con esa experiencia, usarla como una lección de perdón y fortaleza y romper las cuerdas que nos amarran a ella y no nos permiten seguir hacia adelante. Si una experiencia pasada está limitando tu presente y tu futuro, por favor no te resignes a vivir así. Dios y la vida tienen mucho más para ofrecerte, pero todo comienza en ti.

El poder de **TU** historia

¿Hay una experiencia amarga en tu vida que recuerdas constantemente y sientes que ha limitado tu capacidad de ser feliz?

¿Qué puedes empezar a hacer hoy para iniciar el proceso de soltar esos traumas y sentimientos que te amarran y emprender el camino hacia una vida más feliz y llena de satisfacciones?

¡Aunque me echen tierra!

El campo es un lugar maravilloso donde la lucha por sobrevivir y los instintos más básicos tanto de los seres humanos como de los animales, tejen las más increíbles historias con lecciones espectaculares.

Hablando de animales del campo, en muchos países latinoamericanos utilizan la palabra *burro* para referirse despectivamente a alguien, dando a entender que esa persona carece de inteligencia. No sé de dónde salió esa relación entre los pobres burros y la supuesta falta de inteligencia de la que algunos seres humanos acusan a otros pero, en esta historia, el burrito salió más inteligente que cualquiera de nosotros.

Resulta que un día el burro de un campesino se cayó en un pozo muy profundo. El animal lloró fuertemente por horas, mientras el campesino trataba desesperado de buscar algo que hacer. Le llovían sugerencias de sus vecinos. Algunos le decían que se olvidara de su mascota, que ésta jamás saldría de ese pozo. Otros pensaban que podían salvar al burro subiéndolo con cuerdas, pero al final todos descartaban la idea porque en ese rincón del mundo no contaban con ningún tipo de recursos para intentar esto sin matar al animalito.

Finalmente, y después de mucho pensarlo, el campesino decidió con tristeza que el burro ya estaba viejo y que el pozo ya estaba seco y, de todos modos, había que taparlo. Llegó a la conclusión de que no iba a ser posible sacar al burro del pozo, así que invitó a todos sus vecinos para que vinieran a ayudarle a ponerle fin a una situación tan complicada y triste. Cada quien agarró una pala enorme y empezaron a tirarle tierra al pozo para enterrar vivo al animal. El burro se dio cuenta de lo que estaba pasando y lloró desconsolado.

A los pocos minutos, para sorpresa de todos, el burro se quedó quieto después de unas cuantas paladas de tierra. Nadie entendía su tranquilidad porque todos pensaban en el destino tan desafortunado que le esperaba.

El campesino finalmente miró al fondo del pozo y le sorprendió lo que vio. Resulta que con cada palada de tierra, el burro estaba haciendo algo increíble: se sacudía y daba un paso encima de la tierra. En ese momento el grupo entero puso a un lado la resignación que sentían por el animal y la cambiaron por un entusiasmo desenfrenado.

A los pocos minutos todo el mundo vio sorprendido cómo el burro llegó hasta la boca del pozo, dio un valiente salto hasta el borde y salió trotando como si nada hubiese pasado. Cuando todos lo daban por muerto y enterrado, el burrito había descubierto una forma de sobrevivir.

Uno de los factores más comunes en la vida de todos los seres humanos es el hecho de tener problemas. Son situaciones que tienen dimensiones muy diversas, unas más básicas como el simple hecho de conseguir alimento para sobrevivir (que es un problema para millones de personas en el mundo) y otras más complejas como luchar contra alguien que nos quiere hacer daño. Con seguridad —como en el caso de la historia del burro— la vida nos va a echar encima muchas paladas de tierra en forma de obstáculos. Está en

nuestras manos lo que hacemos con esa tierra. Muchas personas se resignan a ser enterrados con lo que les tiran encima, mientras que otras deciden sacudirse la tierra y usarla para dar pasos hacia delante.

Por cada problema que tenemos y que no resolvemos completamente, quedamos enterrados parcialmente aunque no nos demos cuenta. Las situaciones sin resolver pareciera que desaparecen porque la vida continúa, pero en realidad nos ponen parcialmente bajo tierra cuando cambian nuestra forma de ser.

Ten por seguro que, así como la vida te ha metido en un hueco a través de situaciones que te preocuparon y de las que pudiste recuperarte, también volverás a vivir momentos complicados. Tenemos que dejar de ver esos momentos como posibles "entierros", y más bien usar esa tierra que nos echan para aprender grandes lecciones y dar pasos hacia arriba.

El poder de TU historia

¿Qué recuerdas de esa vez que, sin darte cuenta, permitiste que alguien te enterrara con la tierra que te echó? ¿Qué aprendiste de esa experiencia?

¿Hay alguien que en este momento esté "echando tierra" en tu vida? ¿Estás permitiendo que esa tierra te sepulte o la usas para dar pasos hacia arriba?

La "mala suerte" que trajo la "magia negra"

La historia de Tania probablemente no es tan común... o por lo menos así lo deseo, porque no quisiera saber que hay miles de personas tratando de utilizar la llamada "magia negra" para hacer que un familiar se separe de una pareja que, según ellos, no le conviene. Tania me decía, en un tono que expresaba su desesperación, que "llevamos catorce años de casados y la familia de él nunca me ha querido. Han llegado a extremos tan grandes como el ocultismo para hacerme cosas malas".

"Hemos tenido desgracias grandísimas, hemos perdido la casa, perdimos nuestros autos, sin explicación ninguna y no por falta de dinero ni de trabajo". No cabía duda de que esta mujer estaba desesperada por todo lo que estaba viviendo, hasta el punto en que atribuía todos los males de su vida a los supuestos esfuerzos "oscuros" de la familia de su pareja.

—¿Por qué crees que ellos te harían algún tipo de magia negra?

—Solamente porque no me quieren. Yo nunca le he hecho daño ni a él ni a su familia. Ellos prácticamente no saben nada de mí, ni yo de ellos.

—¿Y por qué hay mala fe alrededor de ti por parte de esa familia?

—Hasta el sol de hoy no te puedo decir el porqué.

—¿Cómo se siente él con respecto a su familia?

—Yo sé que él se siente discriminado. Cuando llega la Navidad o cuando hay un evento en la familia él quiere estar allí, pero yo no puedo ir; es algo que está fuera de mis manos. Yo lo acompañé muchas veces a eventos familiares, pero siempre salíamos heridos, porque en las fiestas de los niños hacían a mis hijos a un lado. Daban regalitos buenos para los demás niños y a los míos siempre les daban lo peor.

—¿Y cuándo fue la última vez que preguntaste por qué ocurría eso?

—Nunca les he preguntado.

Cada vez que una pareja se une en matrimonio, y a veces incluso basta con un noviazgo, nos estamos uniendo no sólo a la persona sino a su familia, porque ellos son parte de lo que nos define a cada uno. Para mí fue importante explicarle a Tania que cuando nos enfrentamos a roces con la familia de nuestra pareja necesitamos conversarlo con él o ella para aclarar cualquier malentendido y mostrar nuestra mejor intención de tener una buena relación con ellos.

Lo que Tania llama "magia negra" influirá en ella y en su pareja en la medida en la que ella permita que esos pensamientos y malas energías entren a su mente. El primer paso para contrarrestar un intento de "mala onda" como ése es teniendo una mente positiva y dispuesta a resolver las cosas, una mente que no le dé cabida a los malos deseos.

Esa noche logré el compromiso de Tania de no enfocarse en la negatividad que ella decía que le enviaban, sino pensar en que las buenas intenciones y el creer en Dios como una fuerza positiva lograrían una combinación mucho más fuerte que cualquier pensamiento negativo. Al combinar este pensamiento con llevar las cosas a un plano racional para tratar de arreglarlas dialogando, los nuevos resultados sin duda la sorprenderían.

Cuando alguien envía algún tipo de energía negativa hacia nosotros, no solamente es importante ignorar esas malas intenciones y creer en una fuerza superior basada en el bien, sino también llevar las cosas de regreso al plano racional. Pregúntate cosas como ¿cuál es el problema específico que enfrentamos en esta relación?, ¿qué cosas nos han herido?, ¿cuáles son las posibles soluciones que podemos poner en práctica?

Las creencias espirituales de cada uno deben ser respetadas siempre. Sin embargo, "a Dios rogando y con el mazo dando". Es decir, nuestra fe es importantísima, pero también lo son nuestras acciones. Cuando racionalizamos las cosas, entonces dejan de estar completamente en manos de "la magia" que otros quieran usar y comienzan a estar en manos de aquellos que podemos hacer algo para arreglar la situación.

El poder de **TU** historia

¿Qué papel tiene la fe en tu vida?

¿Sientes que tienes una buena combinación entre tu fe y el uso de la razón y de tus acciones para resolver tus problemas?

¿Qué pudieras agregar a esa situación que actualmente estás viviendo? ¿Un poco más de pensamiento y acción? A lo mejor, ¿un poco más de fe?

Ella cuarenta y dos;
él sólo veinticuatro

Cindy es una mujer de cuarenta y dos años que llevaba seis meses saliendo con un hombre de veinticuatro. Al comunicarse conmigo me habló de un "dilema" que tenía en su mente, porque, según me contó, en su relación todo era felicidad: se querían, la pasaban muy bien cuando estaban juntos y el uno pensaba en el otro permanentemente. Sin embargo, un día él le dijo a Cindy que estaba listo para formar una familia con ella. En ese momento la mente de Cindy comenzó a ir a exceso de velocidad: "¿Una familia? Pero si ya yo tengo una... yo tengo hijos casi de la edad de él. Yo no quiero comenzar de nuevo", se decía esta mujer en medio de su angustia.

Su reacción inmediata fue terminar la relación; sin embargo, me contaba entre lágrimas, aún seguía pensando en él todos los días. No dejaba de expresar cuánto quería estar con él, pero a la vez sentía que no lo podía retener si los objetivos no eran los mismos.

Cuando Cindy me dijo "Alberto, lo único que no se puede cambiar en esta vida es la edad", caí en cuenta de que, si bien la edad no se puede cambiar, tampoco es siempre el problema. Por lo general sucede al revés: la persona con más edad es la que está lista para el compromiso... y aún más si se trata de una mujer, porque el instinto de formar una familia está por lo general más presente en ellas que en los hombres. Ya Cindy había pasado esa etapa y no sentía la necesidad de casarse ni tener hijos.

De pronto la historia dio un giro inesperado: "Yo siento que necesito conocer a alguien que lo reemplace a él en mi vida pronto", dijo. Entonces comencé a entender que lo que Cindy sentía podría no ser necesariamente amor, sino que a lo mejor estaba con él simplemente por tener un miedo muy grande a la soledad. Habiendo terminado hace muy poco con esta pareja, Cindy había comenzado a salir con otras personas. "Mis amigas siempre me han presentado candidatos y, especialmente ahora, que estoy tan triste por la ruptura, prefiero salir con otras personas que quedarme sola en la casa y llorando", me decía. "Además —agregó— nunca entenderé por qué un muchacho de veinticuatro años pueda querer casarse y tener hijos tan temprano en la vida".

La conversación con Cindy se fue poniendo incómoda en la medida en que estábamos en desacuerdo con la forma en la que ella había manejado las cosas. Mientras ella pensaba que estando con un hombre más joven iba a poder escaparse del compromiso y combatir a la vez su miedo a la soledad, yo le hablaba de lo injusto que me parecía que hubiese establecido una relación formal con alguien que espera estar con ella a largo plazo, mientras ella lo consideraba una especie de juguete que le ayudaba a evitar la soledad.

Nunca pierdo la esperanza de que siempre una llamada a mi programa de radio termine con un acuerdo entre ambos. Deseo siempre que la persona entienda mi opinión respecto a su caso, o que, por el contrario, yo pueda entender por qué hizo algo con lo que, a lo mejor, yo no estaría de acuerdo. Sin embargo, mi llamada con Cindy fue una de esas donde ella se fue con su opinión y yo me quedé con la mía sin llegar a ningún tipo de acuerdo. Yo quería invitarla a que intentara estar sola un tiempo para aprender sobre lo valiosa que puede ser la soledad en nuestra vida y la forma en la que nos ayuda a entender mejor quiénes somos. Ella, por su parte, no estaba dispuesta a asumir ese reto y consideraba que "un clavo puede sacar a otro clavo" en la pared de su vida.

Muy en contra de lo que muchos piensan sobre la diferencia de edad en una relación, lo importante no es que las edades sean cercanas, sino que las etapas de la vida en las que se encuentren las dos personas sí lo sean. ¿Momento de tener hijos? ¿Momento de crecimiento profesional y esfuerzo máximo? ¿Momento de que uno disfrute su retiro mientras el otro trabaja fuertemente? No importa si hay diez o veinte años de diferencia entre dos personas. Lo verdaderamente relevante es que ambas estén en etapas compatibles de sus vidas y con un alto nivel de conciencia de que la persona mayor tiene una gran probabilidad de abandonar este mundo un tiempo antes que la persona menor.

Los seres humanos vamos pasando por ciertas etapas en nuestras vidas a través de las cuales vamos madurando. Esto es lo que hace que resulte tan común que dos personas de edades cercanas sean compatibles, pero no significa que dos personas de edades marcadamente distintas no puedan ser felices juntas. Cuando alguien está listo para casarse y tener hijos mientras que la otra persona no quiere entrar en esa etapa en ese momento de su vida, es preferible no invertir tiempo en esa relación porque estará generándole un alto grado de frustración a aquél que quiere llevar las cosas al próximo nivel.

Por otro lado, el miedo a la soledad es una de las principales razones por las cuales dos personas se mantienen juntas cuando, en realidad, una o ambas saben que la relación no tiene futuro. La mayoría de nosotros hemos permitido en algún momento que una persona pase más tiempo del que debería en nuestra vida. Lo importante no es culparnos porque esto nos haya ocurrido, sino aprender una lección que nos sirva para tomar mejores decisiones en nuestras relaciones futuras. Mejor solo —y disfrutando la soledad— que mal acompañado o haciéndole daño a alguien más.

El poder de **TU** historia

¿Alguna vez has estado o te encuentras actualmente en una relación con una persona de una edad muy diferente a la tuya? ¿Cuáles son las cosas positivas y las no tan positivas de vivir una experiencia como ésta?

¿Te has visto junto a una persona que sabes que, en realidad, no era para ti, pero tenías mucho miedo de estar sola o solo? ¿De qué se trata o se trataba ese miedo? Te invito a que hagas una lista de las cosas positivas y negativas que podría traer a tu vida la soledad.

Si hoy en día estás en una relación, no te sientas mal si a veces necesitas un poco de espacio. Algunos sólo necesitan unas horas mientras que otros sienten la necesidad de pasar un par de días lejos de su pareja, disfrutando con familia y amigos. Si sientes la necesidad de estar sola o solo, no dudes en buscar formas de conseguir ese espacio para ti.

La llamada que dejé para mañana

Así como está lleno de muchas cosas positivas, ser un conductor de radio tiene también sus retos y dificultades. Uno de ellos tiene que ver con la conexión especial que cada oyente siente hacia la persona que conduce el programa, combinado con lo difícil —casi imposible— que resulta retribuir personalmente ese cariño. Aunque siento un agradecimiento especial por cada uno de los oyentes, me resulta imposible conocerlos individualmente. Como parte de este esfuerzo, trato de responder la mayor cantidad de llamadas y cartas que me sea posible.

Carlos, un hombre mexicano de treinta y cinco años, me escribió una carta contándome que había llegado a Estados Unidos hacía unos cinco años. Luego de haber transcurrido un año de residir en el país, justo cuando se sentía orgulloso de haber obtenido sus papeles de inmigración y haber conseguido un trabajo maravilloso, fue diagnosticado con un cáncer en etapa avanzada en el riñón. En su carta me contaba cómo había tenido muchísima suerte de haber ido al médico cuando ya su seguro de salud lo cubría y, además, había recibido esperanzas de parte de su doctor de que todo saldría bien.

Los ciclos de quimioterapia había sido muy duros, y él había aguantado como todo un campeón. Lamentablemente, como es muy típico en estos casos, perdió muchísimo peso, se debilitó extremadamente y sus posibilidades de trabajar eran limitadas. A pesar de todo, en su correo se mostraba optimista de que todo saldría bien. Carlos me hablaba de cuán afortunado era dentro de su situación y, para terminar, me decía que le encantaría hablar conmigo al aire para contar su historia en la radio y brindarle esperanzas a todos aquellos que estaban pasando por lo mismo.

Su historia me pareció interesantísima y mantuve su correo entre aquellos que quería incluir en el programa. Sin embargo, el alto volumen de llamadas y cartas de personas que demostraban angustia, desesperación y cierta urgencia de conversar con alguien debido a la soledad que atravesaban empujó el correo de Carlos hacia atrás en la lista de prioridades del programa.

Pasados unos meses, recibí un segundo correo de Carlos. Aquí me contaba que, luego de haber finalizado su último ciclo de quimioterapia, haber regresado a trabajar y sentirse que las cosas regresaban a la normalidad, la vida le había hecho otro lanzamiento en forma de curva. Su cáncer se había tornado más agresivo y el tipo de tratamiento que requería tenía que responder de la misma forma. Por los días en que me escribió este segundo correo electrónico estaba haciendo frente a un reto aún más grande que el anterior. No podía trabajar debido a la intensidad de los tratamientos, pero contaba los días para que llegara el final de este ciclo médico para quitarse de encima los efectos secundarios y tener una vida un poco más normal.

Me impresionaba que sus cartas, a pesar de estar llenas de descripciones de momentos increíblemente difíciles, siguieran expresando gratitud y esperanza.

Al leer este segundo mensaje me di cuenta que para él era importante que habláramos por teléfono al aire en el programa. A pesar de que las cosas habían empeorado, Carlos no buscaba en mí el consuelo de un amigo, sino la oportunidad de ofrecerle un mensaje de entusiasmo a cualquiera que estuviese en una situación similar.

Recuerdo haber impreso su correo electrónico para tener un recordatorio visual en mi escritorio de esta llamada pendiente. No fue sino hasta tres semanas después que finalmente le pedí a Francisco Javier, mi productor en esa época, que, independientemente del número de llamadas de casos más urgentes y con necesidad de ayuda que tuviéramos pendientes, se comunicara con Carlos esa noche para conversar con él durante el programa.

Nunca ha sido fácil establecer y mantener un criterio de con quién hablamos primero, porque, al fin y al cabo, en un programa dedicado a escuchar historias y brindar el apoyo de un amigo a personas que lo necesitan, todas los casos de nuestro público tienen cierto sentido de urgencia.

Francisco Javier se dispuso a marcar el número y desde el otro lado del estudio pude ver cómo cambió su cara en medio de la conversación. A los pocos minutos lo vi salir de la cabina de producción y me di cuenta que había colgado la línea. "Demasiado tarde, Alberto. Su cáncer se complicó; Carlos murió hace tres días".

Confieso que esa noche fue prácticamente imposible quedarme dormido pensando en la historia de Carlos. Todo comenzó con un sentido de culpa muy grande. ¿Qué hubiese pasado si lo hubiera llamado antes? ¿Podría yo haberle generado un momento de felicidad y orgullo a Carlos, que lo ayudara en medio de su molestia física? Con el pasar de los días me puse el propósito de quitarme el sentimiento de culpa de encima y dedicarme a encontrarle una lección a esta experiencia.

Todos hemos tenido a alguien en la vida que nos ha hecho una de las advertencias más conocidas: "No dejes para mañana lo que puedes hacer hoy". Me lo han dicho, lo he leído y seguramente también se lo he aconsejado a más de uno. Es una frase en la que creo, pero que dejé de aplicar cuando más debí haberlo hecho.

Mientras yo tengo una lista de cartas y llamadas de personas que quieren contar su historia en el programa, a lo mejor tú tienes en tu mente una lista de familiares a quienes llamar para un saludo después de muchos años o una lista de clientes que visitar o varias buenas acciones que quieres emprender en el sitio donde vives.

Para ti que, como yo, siempre has tenido una lista larguísima de cosas por hacer, te tengo una noticia buena y una mala. La buena es que no estás solo, porque en una sociedad como la nuestra casi todos estamos en batallas en muchísimos frentes a la vez: la familia, el trabajo, el dinero y muchas cosas más. La mala noticia es que esa lista tan larga de cosas nunca va a estar vacía: las cosas que logres se verán remplazadas por nuevas tareas y el ciclo será interminable. Está en nosotros el aprovechar las experiencias e historias como ésta que hoy te cuento con dolor, para seguir mejorando nuestra capacidad de establecer prioridades en la vida.

Gracias Carlos por esta gran lección.

El poder de **TU** historia

¿Alguna vez has pospuesto algo en tu vida, para luego darte cuenta de que ya era demasiado tarde cuando quisiste hacerlo? ¿Perdiste una oportunidad? ¿Dejaste de decirle algo a una persona importante para ti?

¿Qué estás dejando para después en este momento de tu vida? ¿Es una buena decisión esperar, o será que ya es hora de actuar?

Antes viuda que cornuda

El tema de la infidelidad se ventila constantemente tanto en los medios de comunicación como en las historias de amigos y familiares que han sido víctimas o victimarios de esa situación; pero no fue sino a partir de conducir mi programa de radio que caí en cuenta de lo frecuentes que pueden ser los cuernos.

Romper la promesa de exclusividad que se le hace a la pareja es algo tan frecuente que, tristemente, hay personas más preocupadas de que su pareja les pueda ser infiel que de la posibilidad de que esa misma persona pueda morir. De eso se trata esta llamada que recibí en el programa de radio. Angélica estaba en la línea.

—¿Por qué hay tanta tristeza en tu voz?

—Porque mi novio está en el ejército. Él decidió alistarse antes de que nos conociéramos, y yo sabía que eso era lo que él siempre había querido hacer. Por un tiempo estuvo en un grupo ubicado muy cerca de donde vivíamos, así que nos veíamos con mucha frecuencia. Ahora estoy muy triste porque hace una semana me dijo que se tiene que ir a luchar en la guerra de Irak.

Angélica tenía veintiún años de edad y su novio tenía veinte. Lo habían conversado entre ellos y los dos parecían resignados a esta especie de "sentencia", pero ella tenía un miedo muy grande.

—Es lógico que tengas miedo por lo que le pueda pasar allá. Me imagino que te preocupa la posibilidad de que tu novio pueda morir en Irak.

—No. Me preocupa que se enamore de otra y me sea infiel.

Me quedé frío. Una infidelidad, con lo grave que puede ser para una relación, me parecía un tema menor al compararlo con la posibilidad de que este hombre falleciera víctima de algún ataque en una de las zonas de guerra más peligrosas del mundo en aquel momento.

—¿Por qué te preocupa tanto?

—Mis amigas no dejan de hablar sobre cómo sus novios fueron infieles, incluso estando en la misma ciudad. En la televisión y especialmente en las novelas todo el mundo habla de lo mismo y, para colmo, mi mamá se divorció de mi papá hace siete años por la misma razón. ¿Cómo quieres que no esté preocupada?

En ese momento le di mi mejor respuesta: el silencio. Cómo no darle la razón a sus inquietudes cuando su vida entera ha estado rodeada de lo mismo. Sin embargo, después de la fuerte impresión que causaron en mí sus palabras, lo que siguió en nuestra conversación me dio un poco más de tranquilidad.

Angélica me contó que él le había pedido matrimonio para que pudieran gozar de una serie de beneficios que la carrera militar le da a las parejas, pero ella se había negado. Así como le aterraba la idea de que su novio se fuese tan lejos por varios meses, ella no quería apresurar la decisión de casarse, porque sentía que no llevaban suficiente tiempo juntos y ella no estaba preparada para casarse.

La mente de esta pobre muchacha estaba confundida pensando en la posibilidad de que él le fuese infiel, mientras a la vez sentía que, con la misión a Irak, no se estaba distanciando del hombre de su vida, sino de alguien "muy especial", con quien sentía una gran atracción mutua, pero de quien aún no podía decir que era la persona con la que deseaba pasar el resto de su existencia.

—Es una sensación muy extraña, Alberto. Yo lo amo con todo mi corazón, pero no estoy lista para casarme. A la vez, cuando pienso en esa distancia por tanto tiempo, me da un miedo enorme de que él me pueda ser infiel. ¿Qué hago?

A pesar de que todavía yo no me recuperaba del hecho de que alguien me dijera que prefería ser "antes viuda que cornuda", felicité a Angélica de todo corazón, porque a sus veintiún años estaba permitiendo a su mente tomar las riendas de su corazón, cosa que no se ve muy seguido en la mayoría de nosotros a ninguna edad.

Ella no le estaba diciendo que no a la oportunidad de formalizar las cosas con su novio casándose, pero tampoco dijo que sí apresuradamente, porque su lado racional le decía que no había conocido suficientemente a esta persona. Me alegré mucho de su decisión; pensar la cosas dos veces es muy bueno porque le da la oportunidad a la mente de imponerse, cuando el corazón está fuera de control.

—Y una vez que él se haya ido a Irak, ¿cómo voy a saber cuándo voy a estar lista para decirle que sí y casarme con él? —me preguntó.

—Una de las principales señales de que estarás lista para casarte con él llegará cuando tu corazón te diga que tu principal preocupación respecto a que él se vaya a Irak, no es que te sea infiel, sino que podría morir allá.

Siempre he pensado que en nuestras relaciones de pareja no se debe vivir con miedo a la infidelidad. Aunque nos cueste trabajo, es impor-

tante darle toda nuestra confianza a la persona con la que estamos y asumir que sea "inocente hasta que se demuestre lo contrario". Es simplemente una manera más fácil de vivir, confiando en que si hay algo que debemos saber, llegará tarde o temprano a nosotros.

Seguir esta forma de pensar es mucho más complicado para aquellas personas que ya fueron víctimas de una infidelidad y decidieron perdonar a su pareja. La posibilidad de que vuelva a ocurrir ronda como mosca sobre una fruta. El reto en casos como ésos está en hablar y llegar a todos los acuerdos posibles para que, con el tiempo, el nivel de confianza vuelva a ser altísimo. No tiene sentido estar con alguien en quien no podamos confiar y, especialmente, tratándose de una persona que ya metió la pata la primera vez y no termina de demostrar que aprendió la lección.

Confía. Confía. Confía. Dios y el universo se encargan del resto.

El poder de **TU** historia

¿Tienes miedo a que tu pareja te sea infiel? Atrévete a identificar el origen de ese miedo. ¿Se origina en una experiencia personal o familiar del pasado? ¿Será una influencia de las novelas, las noticias o "lo que le pasó a mi artista favorito"? ¿Podría tener algo que ver con tus propias inseguridades?

¿Qué pasos tendrías que empezar a dar hoy para entregarle toda tu confianza a tu pareja y dejar de vivir con un miedo silencioso a caer víctima de la infidelidad?

"Sácate el niño"

Gisela es una mujer venezolana de unos veintiséis años de edad. Durante un tiempo había vivido en Estados Unidos, pero por motivos familiares tuvo que regresar temporalmente a su país y culminar sus estudios allá. Justo antes de irse de regreso conoció a un hombre que le pareció absolutamente maravilloso.

Durante su llamada al programa de radio me contó que las pocas veces que se vieron en tierra estadounidense quedaron flechados el uno del otro, y a partir de allí comenzó una relación a larga distancia. Hablaban todos los días a través de Internet por varias horas, y ella sentía que la distancia estaba haciendo que se conocieran aún mejor. Me contaba que al estar lejos no ocurrían los silencios característicos de cuando se sale a caminar o al cine, sino que mantenían una conversación permanentemente entre Caracas y Miami, y esto a ella le encantaba.

A las pocas semanas de estar hablando por Internet, él le pidió que fuese su novia formal, y desde que ella dijo que sí, comenzaron las promesas de este hombre. Él le decía que ella era la mujer de su vida y que no necesitaba a más nadie para ser feliz el resto de su existencia. Le prometió una vida llena de satisfacciones y la convenció de que regresara más pronto de lo pensado a Estados Unidos para así emprender una vida juntos lo antes posible.

Gisela dejó de nuevo su país para reunirse con él en Miami. Sin embargo, por respeto a sus valores, ella se negó a mudarse con él hasta que no estuvieran casados. Se veían a diario, pero cada quien dormía en su casa. Mientras tanto, él le insistía que ella era el amor de su vida, que quería indudablemente casarse con ella muy pronto y que le emocionaba, a sus años, la idea de que tuvieran un hijo.

Ella le insistía que no estaba segura de si debían o no tener un niño. Cuando tenían relaciones sexuales, él se negaba a usar protección alguna. Cuando ella le hacía ver que se arriesgaban a que quedara embarazada, él le decía que eso era precisamente lo que él quería, y ella terminaba aceptándolo.

—Alberto, llamo para contarte que tengo tres meses de embarazo.

—¿Y por qué me lo dices llorando, si parecía que los dos estaban felices con la idea?

—Porque yo estaba feliz, pero cuando fui a darle la noticia, pensé que estaría tan emocionado como yo y resultó ser todo lo contrario.

—¿Qué te dijo cuando se lo contaste?

—Que no tenía problema en que nosotros siguiéramos juntos, pero me dijo "sácate el niño". Decía que no estaba preparado a sus veintiséis años para tener un hijo.

—¿Te dijo que abortaras y con esas mismas palabras?

—Sí. Nunca se me va a olvidar la frase: "Sácate el niño".

En ese momento me hirvió la sangre de sólo pensar que en este mundo pudiera haber alguien tan hipócrita que convenciera a una mujer de que quería tener un hijo con ella, cuando lo que en realidad quería era tener sexo irresponsablemente y nada más. Me dio tanta rabia escuchar eso que mi reacción inmediata fue decirle: "¿Y por qué en vez de matar al niño no se mata él mismo?"

La reacción de Gisela, cuando el supuesto amor de su vida le dijo eso, fue negarse por completo a abortar, y eso me alegró mucho. "Le dije que a lo mejor abortar para él era algo normal, pero que en mi cultura y mi forma de pensar yo sería incapaz de hacer eso".

Así que este idiota, que tanto le había prometido a Gisela una vida familiar y estable, decidió desaparecerse mucho antes de que el bebé naciera y esa partida dejó a esta mujer en una crisis emocional muy profunda.

En medio de su llanto, y con un objetivo muy específico, le pregunté a Gisela sobre el resto de las cosas en su vida:

—¿Tienes trabajo?

—Sí.

—¿Tienes familia en Estados Unidos que te apoye?

—Sí. Además tengo a mis padres que me apoyan desde Venezuela.

—¿Tienes un techo bajo el cual vivir?

—Claro. Eso es gracias a mi hermana, que me ha permitido quedarme con ella todo el tiempo que me haga falta.

A medida que le hacía estas preguntas, su tono de voz comenzó a cambiar. Definitivamente el reto que tenía a partir del momento en el que su novio la dejó era muy grande, pero poco a poco durante nuestra conversación comenzó a darse cuenta que no estaba tan mal como ella misma pensaba.

Nuestra conversación continuó mientras reflexionábamos juntos sobre todas esas mujeres que quedan embarazadas y que ven cómo su pareja huye por diferentes razones, dejándolas completamente solas, sin familia, sin trabajo y en muchos casos sin techo. Ésas no eran las circunstancias de

Gisela. Ella tenía familia, amigos, trabajo y un lugar donde vivir mientras lo necesitara.

Otra de las cosas que me sorprendieron de ella es que, a pesar de tanta tristeza, estaba tomando acción. Estaba a la búsqueda de un trabajo que pagara mejor, así como de asesoría legal para cobrarle manutención a este hombre.

Ella entendía que éste era otro de los grandes retos que Dios y la vida le habían puesto, y estaba dispuesta a enfrentarlo con valentía. Sabía que había llegado el momento de dejar de enfocarse en la frase de "sácate el niño" que le había dicho su ex novio y comenzar a pensar en las bendiciones que la rodeaban a ella y a ese bebé que venía en camino.

Cuando una situación frustrante y complicada nos deprime, cometemos el error —que es muy humano— de pensar que todo en nuestra vida se ha echado a perder. A lo mejor dejó de funcionar nuestra relación de pareja o nuestro trabajo y, sin darnos cuenta, comenzamos a pensar por error que en nuestra vida nada funciona, cuando en realidad no es así. La próxima vez que te sientas deprimido por una situación que es evidentemente difícil y frustrante, comienza por tratar de hacer lo humanamente posible por solucionarla; asimismo, haz una lista de las cosas positivas que tienes a tu alrededor y de todo aquello que sí funciona en tu vida. Te recomiendo usar una frase que ese día compartí con Gisela: "Mis bendiciones superan grandemente a mis dificultades".

Otra clave importantísima para salir adelante en momentos como éste es darte el reconocimien-

to que te mereces por tus esfuerzos. Deja de pensar que no vales o que no has hecho lo suficiente y enfócate en sentirte orgulloso de tus esfuerzos y de tus logros. Mientras a veces sentimos que nos hace falta que alguien nos de una palmadita en la espalda, tenemos que recordar siempre que la primera palmadita de aliento nos la tenemos que dar nosotros mismos, a la vez que nos decimos "estás haciendo un buen trabajo".

El poder de **TU** historia

¿Podrías pensar en alguna ocasión en la que un problema en un área específica de tu vida te hizo pensar que todo estaba mal en tu mundo?

¿Te has dado el reconocimiento necesario cuando has hecho un esfuerzo muy grande por resolver un problema o cuando simplemente has trabajado en mejorar tu vida? Si no lo has hecho aún, ¡ya es hora de darte un justo reconocimiento!

Un héroe pero no de películas

Desde hace algunos años en mi familia hemos establecido la tradición de hacer en diciembre un viaje de varios días que nos lleva a recorrer en automóvil alguna región específica. Es una manera de estar más cerca uno del otro luego de que los compromisos y la velocidad de la vida de todos hacen que nuestros encuentros durante el año sean mucho más breves.

Hace un tiempo, nuestro viaje nos llevó por el noreste de Estados Unidos. Fue una aventura muy especial donde recorrí junto a mi papá, mis hermanos Óscar y Daniel y mi cuñada Verónica (esposa de Óscar), ciudades como Nueva York, Filadelfia, Washington DC y Boston, entre otras.

Hay varias cosas que distinguen nuestro viaje anual; siempre llegamos por avión a un sitio de partida pero sin ruta predefinida. Las distancias siempre son mucho más largas de lo que creíamos, nunca nos levantamos tan temprano como deberíamos y solemos descubrir pueblos y atracciones inesperadas mientras buscamos un hotel para llegar a dormir.

Fue así que arribamos a un pueblo en el estado de Connecticut llamado New Hartford. Habíamos conducido muchas horas en el camino lento y turístico de Boston a Nueva York. Como ya era 30 de diciembre, queríamos encontrar un lugar donde no solamente pasaríamos la noche, sino donde también seguramente recibiríamos el año nuevo la siguiente noche.

Encontramos un hotel espectacular, de estilo colonial, metido entre las montañas nevadas. Allí nos acomodamos, y al día siguiente decidimos aprovechar el día para conocer la zona y pasar un rato esquiando en familia. En el lugar de esquiar nos enteramos de que habría una gran celebración de año nuevo, cuyo atractivo principal sería que algunos esquiadores profesionales bajarían la montaña con antorchas mientras todo el mundo podía brindar y celebrar en el edificio principal del complejo.

Al llegar la medianoche, en el tono casual que nos caracteriza siempre, y especialmente en estos viajes familiares, nos dimos el abrazo de año nuevo brindando con cerveza y comiendo perros calientes. Finalizada la celebración nos fuimos al hotel.

Allí también la gente continuaba celebrando y, muy al contrario del estilo casual de nuestro año nuevo, en el hotel se llevaba a cabo una fiesta elegantísima con una orquesta en vivo. Como ya habían pasado las doce de la noche, todo el mundo seguía celebrando y no faltaban aquellos que se habían pasado de tragos.

Ya habíamos entrado todos en nuestras habitaciones cuando de pronto escuchamos los gritos de un hombre y una mujer que peleaban a toda voz en el pasillo. Primero nos asustamos un poco pensando en qué podría estar pasando y luego decidimos asomarnos al pasillo. En ese momento, confieso, nuestra intención era curiosear.

Al asomarme vi que se trataba de una pareja joven, ambos de unos treinta años de edad. Cuando abrí discretamente la puerta me di cuenta de que ya habían pasado frente a nuestro cuarto y que seguían su camino en medio de los gritos. Ambos estaban borrachísimos y cuando alcancé a verlos de lejos, estaban forcejeando y el hombre había dominado en ese momento a la mujer, literalmente arrastrándola por el pasillo mientras ella gritaba que la dejara ir. Jamás se me va a olvidar el momento en el que él —pensando que nadie lo estaba escuchando— llamó "perra" a su pareja.

En un momento dado él la haló tan fuerte por el vestido que dejó sus pechos al descubierto por un instante. Ella hizo inmediatamente un esfuerzo por taparse mientras seguía siendo arrastrada por este hombre. Cuando él se dio cuenta de que su pelea había llamado la atención de los vecinos que todavía circulaban de regreso de las fiestas, entonces comenzó a hablarle con un cariño hipócrita diciéndole cosas como: "Vamos, cariño. Tomaste mucho, ven conmigo a la habitación para que descanses".

A lo mejor logró engañar a algunos que solamente lo vieron en ese instante, pero yo estaba muy seguro de lo que había escuchado antes: palabras y gestos de maltrato. En ese momento traté de decidir qué hacer. Inmediatamente pensé que decirle algo resultaría inútil y terminaría yéndome a los golpes con un borracho que pretendía no serlo. Así que decidí seguirlos discretamente hasta que los vi entrar a su habitación. Registré en la memoria el número de cuarto y llamé al departamento de seguridad del hotel, que de inmediato llamó a la policía.

Las autoridades llegaron en cuestión de minutos e inmediatamente me interrogaron respecto a lo que había visto y procedieron a entrar en la habitación donde estaba la pareja. Estuvieron allí al menos media hora interrogándolos sobre lo que había ocurrido. Luego me explicaron que, efectivamente, se había tratado de una situación de violencia doméstica. Ellos estaban comprometidos para casarse y estaban en el hotel de vacaciones. Habían ido a la fiesta de Año Nuevo allí mismo, tomaron alcohol en exceso, tuvieron una pelea en medio de la borrachera de ambos y él se había puesto muy violento con su novia.

Me contaron que ambos aceptaron la situación, pero ella se había negado a acusarlo formalmente. Además resultó ser que este hombre ya tenía antecedentes de comportamientos violentos como éste con otras mujeres. Cuando el policía me explicó lo que ocurría, terminó diciéndome algo que me llenó de felicidad, a pesar de la situación tan incómoda que acababa de presenciar: "Gracias por habernos llamado. La mayoría de la gente ve estas cosas y, por miedo, no se lo dicen a nadie. Aunque no podemos ponerlo preso en este momento, sabemos por experiencia que el haberlos interrogado y ahora tener un reporte de lo que ocurrió es muy útil. Aumenta la probabilidad de que él deje de comportarse violentamente y también hace que ella reciba una notificación nuestra en el correo en los próximos días, que la llevará a reflexionar sobre si está o no con la persona correcta en su vida. Usted probablemente haya evitado una tragedia con su llamada".

Quién diría que un primero de enero alguien me diría algo tan poderoso como eso para comenzar el año. Definitivamente ese día no me había levantado pensando que tendría la oportunidad de evitar una tragedia en la vida de alguien. Sin embargo, eso fue lo que ocurrió, y hoy me siento orgulloso de haber hecho algo al respecto.

¿Habrá sido mi denuncia mejor que agarrar al hombre en el pasillo y decirle que dejara en paz a su mujer? ¿Saldrían las cosas mejor si me hubiese quedado en la habitación sin hacer nada? No lo sé, pero al menos actué con base en el mejor criterio que pude usar esa noche.

El mundo está tan loco y lleno de agresividad que la mayoría de las personas prefiere no intervenir cuando son testigos de un acto violento. En mi caso tomé la decisión de no intervenir físicamente; pero en el entendimiento de que la violencia en la pareja no se justifica de ninguna forma, seguí mi instinto y llamé al personal de seguridad en medio de una situación potencialmente peligrosa.

Lo primero que aprendí es que, si nos vemos involucrados o presenciamos una situación de peligro, debemos seguir nuestros instintos. El hecho de que nadie más reaccione no quiere decir que quedarnos quietos sea la decisión correcta. Actúa y hazlo rápido, porque podrías estar evitando una tragedia peor a la que todos pueden ver.

Segundo, me di cuenta de que todos podemos ser héroes sin necesidad de que todo el mundo lo vea o lo reconozca. Muchos en el pasillo del hotel, al percatarse de la situación, aplaudieron y felicitaron a la policía por estar allí interviniendo en aquello que tantos habían visto minutos antes. Nadie, absolutamente nadie, se dio cuenta de que yo los había llamado. Pero eso no era lo verdaderamente importante. Lo más relevante de ese momento era que se había evitado una situación peor y, simplemente, Dios y la vida me habían dado la oportunidad de ser el intermediario.

Esa noche puse la cabeza en la almohada con más paz que nunca.

El poder de **TU** historia

¿Has dejado de intervenir en una situación en la que una persona agrede a otra por temor a las consecuencias que pueda acarrearte?

¿Cuándo fue la última vez que seguiste tu instinto en una situación excepcional y cómo te fue?

¿Qué tal te ha ido en esas ocasiones en las que tu instinto te dice una cosa y decidiste hacer otra?

El amor de mi vida está tras las rejas

La vida nos puede cambiar por completo en sólo un segundo; y eso fue exactamente lo que le ocurrió a Cecilia, una mujer muy trabajadora quien, junto a su esposo, estaba criando a dos hijos maravillosos. Mientras ellos sentían que todo iba por buen camino y que estaban logrando el famoso "sueño americano", Dios y la vida les tenían preparado un reto distinto.

No quiero imaginarme el dolor que esa mujer sintió al enterarse de que, cuando su esposo había salido a hacer unas compras para la casa, se vio involucrado en un accidente de tránsito. No hubo heridos y él no tuvo la culpa, pero su marido, quien sufría de frecuentes e inesperados ataques de ira, reaccionó sacando su pistola y amenazando al hombre que lo había chocado.

"Cuando hablé con él después le pregunté por qué lo había hecho y me dijo que no sabía. Él dice que ese momento se le borró completamente de la memoria. Estaba completamente fuera de control y no se acordaba de nada. Yo nunca había estado de acuerdo con que él cargara un arma, pero siempre me había dicho que ese tema no se discutía, porque él no iba a cambiar de parecer".

Ése fue el comienzo de una batalla legal que los había dejado sin energía, sin dinero y sin ningún tipo de esperanza. Me contaba en mi programa de radio que, a pesar del aliento que siempre le daban los abogados, llevaban dos años tratando sin éxito de que su esposo saliera de la cárcel. El juez había negado cualquier tipo de libertad condicional y estaba condenado a una sentencia a la que todavía le quedaban tres interminables años.

Cecilia sentía que era un caso cuya condena no tenía sentido. "Él hizo mal en sacar la pistola, pero no le iba a hacer nada al que lo chocó. Mi marido nunca le ha hecho daño a nadie, pero el juez no quiso entender eso. Lo trató como si fuera un delincuente cualquiera, y no pensó en el daño que le estaba causando a toda la familia con esa condena".

Esta situación se complicaba aún más por el hecho de que habían dejado de recibir uno de los dos sueldos con los que contaban como familia. Además, Cecilia había tenido que reducir sus horas de trabajo para poder atender a sus hijos pequeños en la casa cuando llegaban de la escuela. Ésa era una tarea de la que se encargaba su esposo, porque generalmente terminaba de trabajar antes que ella.

En una de sus visitas a la cárcel y para sorpresa de Cecilia, su marido, desesperado por la terrible situación en que se encontraba, le pidió que "rehiciera su vida". En otras palabras, la invitaba a que se sintiera soltera y buscara a otro hombre con quien compartir su vida. Parece que el sentimiento de culpa de este hombre respecto a lo que su familia estaba pasando era muy grande y, de acuerdo a sus palabras, no quería alargar la agonía. Pero ella estaba dispuesta a esperarlo. Estas fueron sus palabras al aire:

"Yo le dije: No. Yo no me voy a buscar a nadie más. Tú sabes que te quiero, que te amo y estoy dispuesta a esperar el tiempo que sea necesario. Alberto, yo lo visito los sábados y domingos, también voy a verlo en muchos días feriados. Casi todos los días hablamos por teléfono. Le mando dos cartas por semana de mi parte y dos de parte de los niños. Es duro, no es fácil, pero aquí estoy, me siento orgullosa de que lo amo y estoy esperando hasta el día que vuelva a casa".

Si bien he vivido lo que significa tener una relación a larga distancia por mucho tiempo, mi experiencia no se compara en lo más mínimo con lo que significa estar lejos de una persona porque uno de los dos ha sido privado de la libertad. Una cosa es extrañarse pero saber que existe cierta libertad para encontrarse, y otra cosa es saber que por años esa persona no estará libre para poder estar con nosotros. Esta mujer llena de fuerzas le había hecho entender a su esposo que continuaba comprometida en su relación, que lo apoyaría siempre y que, al finalizar la sentencia, se volverían a reunir como familia.

—¿Cómo lo han tomado los niños, Cecilia?

—Al principio fue muy duro. No solamente dejaron de ver a su papá cuando tenían ocho y diez años, sino que los compañeros de escuela de mi hijo mayor comenzaron a burlarse de él por el hecho de que su papá estaba preso. Le decían "el hijo del ladrón" y eso lo puso muy mal. Finalmente hablé con las maestras y lograron controlar la situación. Hoy están mucho mejor, pero extrañan muchísimo a su papá.

Cecilia me contó que, luego de todo esto, su esposo se comprometió a no portar armas nunca más. "No es lo mismo un arma en las manos de alguien que sabe controlarse, que en las manos de alguien que tiene un carácter explosivo", me dijo durante nuestra conversación.

En medio del dolor que sentí al escuchar su historia, también sentí alegría cuando Cecilia nos dio a conocer a mí y a los oyentes del programa la principal lección que le había encontrado a su historia. Tenía que ver con la necesidad de darle valor a la persona que tenemos a nuestro lado. "Ahora que estamos separados, hemos llegado a sentir por primera vez todo el amor que nos tenemos y todo lo que nos valoramos el uno al otro", dijo entre lágrimas. "Antes sabíamos que nos queríamos pero no lo expresábamos, y además actuábamos como si siempre fuésemos a estar juntos. Hoy en día le digo a mis amigas que valoren más a sus esposos y disfruten con ellos porque nunca saben cuándo podrían no estar juntos", expresó Cecilia.

Cualquiera que sea la razón de la distancia, es importante llegar a acuerdos honestos entre las dos personas, que —basados en expectativas realistas— permitan entender si hay una verdadera disposición y un compromiso de la pareja por conservar la relación a largo plazo. Para eso es importante saber cuál es esa "fecha de vencimiento" a partir de la cual estarán juntos. Es preferible una decisión dolorosa hoy, que una decisión mucho más dolorosa en el futuro cercano o lejano, porque a la vez que las heridas se hacen más profundas y el dolor crece, el tiempo hace que el amor se fortalezca irremediablemente. La historia de Cecilia es el mejor ejemplo de que sí se puede y vale la pena hacer un esfuerzo por estar juntos.

Otro gran aprendizaje de esta historia está relacionado con disfrutar y agradecer la presencia de la persona que en este momento tenemos a nuestro lado, en lugar de esperar a que un peligro o una pérdida nos abra los ojos sobre el valor que tiene en nuestra vida. En otras palabras, evitemos que se haga realidad aquella frase que todos hemos dicho alguna vez: "Nadie sabe lo que tiene hasta que lo pierde".

El poder de **TU** historia

¿Alguna vez has estado en una relación a larga distancia? ¿Pudiste mantenerla a pesar de no haberse fijado un plazo para estar juntos? ¿Le pusieron un plazo?

¿Habrá alguien en tu vida a quien podrías no estar dando el valor que se merece? ¿Qué puedes hacer para cambiar esto y disfrutar más de la presencia y la compañía de esa persona, por tanto tiempo como sea posible?

Un crimen pasional a la vuelta de la esquina

—¿Cómo va la vida, Isabel?

—Un poco deprimida.

—¿Y eso por qué?

—Es que tuve una relación con un hombre casado y ahora la que salió herida fui yo. Al principio, durante los primeros meses, él se entregó mucho a la relación, pero yo estaba jugando con él porque no me quería involucrar. Luego me fui enamorando poco a poco y ahora no sé cómo salirme de todo esto. Yo lo amo, pero en todo esto ha habido armas de fuego involucradas.

—¿Cómo hubo armas involucradas en todo esto?

—Él se cegó tanto por mí, que no sabía a quien escoger entre su esposa y yo, entonces lo que él hizo fue que, usando un arma, trató de sacarme de su lado…

—¿Él trató de matarte?

—Él me amenazó... Me decía que lo dejara en paz, que lo dejara ser feliz, que no iba a dejar a su mujer, porque no iba a perder a sus hijos. Entonces, yo le dije que estaba bien, que se fuera, que yo no quería nada con él. Entonces al poco tiempo me perseguía, hacía que gente me hablara por teléfono de parte de él amenazándome. Tuve que cambiar mi número y mudarme de donde vivía.

Así comenzó mi conversación con Isabel. Parecía que este hombre, en medio de su violencia, no estaba seguro de si quería seguir con ella o no. A veces la buscaba con un supuesto amor desesperado y otras veces la amenazaba de muerte con un arma para que desapareciera de su vida.

Pero Isabel también estaba confundida. A pesar del peligro que este hombre representaba, ella llevó su auto a reparar al mismo sitio donde él trabajaba. Aparentemente era el taller mecánico más cercano a su sitio de trabajo. Yo no le creí y, frustrado, le dije: "Isabel, cerca de mi casa hay una cárcel, y a mí no me conviene ir a almorzar a la cárcel. Aunque el sitio más cercano para comer cerca de mi casa fuese una prisión, definitivamente sé que ésa no es mi mejor opción".

"Ahora él quiere ser mi amigo", me decía en medio de su confusión. El hombre que la había amenazado con un arma, ahora aparecía con ramos de flores en su sitio de trabajo, pidiéndole que fuese "su amiga".

En el momento en que se comunicó conmigo parecía que la situación estaba bajo control. El tenía días que no llamaba. Sin embargo le recordé que cualquiera que amenaza de muerte a su pareja o ex pareja es una persona peligrosa. Es por ello que le sugerí a Isabel que considerara la posibilidad de ponerle una orden de restricción con las autoridades. Para ello, esta mujer tendría que hacer un gran esfuerzo para vencer el sentimiento de culpa que le podría generar un acto así, dirigido a la persona que más ama. Necesitaba urgentemente buscar ayuda de las autoridades y de organizaciones que protegen a la mujer en contra de la violencia.

"Alberto, yo no puedo hacerle eso al hombre de mi vida, al que más quiero, al que más me ha demostrado su cariño". Mi frustración aumentaba en cada segundo que transcurría de esta conversación, así que en un momento le pregunté: "¿No denunciarías a alguien a quien supuestamente amas tanto a pesar de lo que te hace? Y entonces, ¿por qué sí tratas de esa manera tan injusta a la persona más importante de tu vida, es decir, a ti misma? ¿Por qué aguantas todo esto, Isabel?"

Su silencio me hizo entender que nadie le había dicho nunca a Isabel que ella era la persona más importante de su propia vida. Cuando finalmente se decidió a ponerle una orden de restricción y a actuar legalmente contra este hombre, logró comenzar un proceso de valoración propia, en el cual pudo aprender poco a poco que el amor no duele y que todo comienza por el amor propio.

Cuando buscamos la felicidad, a veces nos damos cuenta de que en el camino hemos permitido que personas que no nos convienen entren a nuestra vida. Nunca es tarde para volver a encaminar nuestros destinos, pero para ello a veces es necesario pensar primero en nosotros mismos. Hay que tratar de no hacer daño a los demás, no importa cuánto mal nos hayan hecho a nosotros, pero siempre poniendo nuestra felicidad, equilibrio y tranquilidad por encima de todo.

Millones de personas alrededor del mundo crecen pensando que no valen lo suficiente y que deben estar a merced de otros que, supuestamente, son más valiosos que ellos. Ésta es una gran mentira que puede tomar años en salir de la mente de algunas personas, sin embargo, es uno de los pasos más importantes que hay que tomar en camino a encontrar la paz y la tranquilidad.

El poder de **TU** historia

¿Alguna vez has soportado un comportamiento violento "por amor"? ¿Ha valido la pena o te has arrepentido de haberlo aceptado?

¿Cuál podría ser un primer paso para dejar de aceptar una conducta violenta de parte de tu pareja y hacerle entender que la violencia no es parte del amor?

La familia de la funeraria

La vida está llena de momentos tristes y momentos alegres pero, en un punto medio, existen esos instantes en los que, en medio de la tristeza absoluta, las tensiones se liberan con una buena carcajada.

Dos de las personas más especiales de mi vida han sido definitivamente mis abuelos paternos, Eloy Miguel y Conchita. Justo antes de escribir esta línea, estuve tentado a escribir el primer y segundo nombre de mi abuela, pero como sé que ella no me lo perdonaría desde el cielo, decidí dejarla en "Conchita" o "Conchi", que era como todos la conocíamos y como a ella la hacía feliz que la llamaran.

Cuando pienso en los recuerdos más tempranos de mi vida, ellos dos siempre aparecen, tanto en celebraciones como en la Navidad y los cumpleaños de sus seis nietos —de los cuales soy el mayor— como en las ocasiones en que nos reuníamos sin un motivo específico, como los fines de semana en las playas de Venezuela.

A finales del año 2007 mi abuela se encontraba en el hospital, luchando con los efectos secundarios de un duro tratamiento de quimioterapia al que se sometió para combatir un linfoma. En esos días me encontraba visitando a patrocinadores potenciales de mi primer seminario de inspiración para latinos en Estados Unidos. Una tarde, mientras estaba en una junta con representantes de una de estas empresas, mi celular comenzó a sonar insistentemente. Primero uno de mis hermanos, luego uno de mis primos y así una serie de miembros de mi familia que me daban a entender con sus llamadas que algo inesperado había ocurrido.

Mientras intentaba no perder la concentración en los últimos minutos de mi junta y mi teléfono no dejaba de vibrar, sin que más nadie en esa oficina se diera cuenta, yo trataba de decidir qué hacer. Inmediatamente pensé en mi abuela Conchita y me imaginé lo peor. Decidí no tomar el teléfono hasta salir de allí. Terminé abruptamente la reunión para enterarme minutos después que, efectivamente, alguien había fallecido. Se trataba de mi abuelo Eloy.

Quién hubiera pensado que él, que se cuidaba tanto y además cuidaba de mi abuela, iba a irse súbitamente —sin ni siquiera darse cuenta— mientras tomaba una siesta, pensando que al rato iría a visitar a mi abuela en el hospital. La noticia fue dura para todos, pero especialmente para quien fue su esposa por más de cincuenta años, que, por evidentes razones de salud, no pudo asistir a su funeral.

Al mejor estilo de cualquier familia latina, varios de nosotros —no uno, sino varios, entre ellos mi papá y mi primo— acudimos a la funeraria para coordinar los arreglos. Allí conocimos a Esperanza, la consejera funeraria.

El tema de la muerte nunca ha sido fácil de manejar para mí, aunque la mayoría de la gente que conozco —incluyéndome— que ha perdido a un ser querido logra desmitificar la experiencia. En otras palabras, a uno se le quita un poco el miedo a la experiencia de la muerte cuando ya se le ha muerto alguien.

Esperanza, la consejera funeraria —tal como aparece en su tarjeta de presentación— era capaz de llevar la experiencia de la muerte casi como si fuera una celebración. Era una mujer de unos sesenta años, de baja estatura, vestida muy elegante con traje negro, camisa blanca y el cabello recogido. Ahora deduzco que vestía de esta forma por exigencia de la empresa donde trabajaba. El resto de su apariencia era todo lo contrario al luto de su ropa: labios y mejillas pintados vivamente de rojo, aretes largos y pulseras que sonaban mientras chocaban entre sí.

No nos conocía, pero nos sonreía tanto desde el principio a pesar de nuestra tristeza que parecía que reprimía las ganas de darnos un beso y un abrazo, como si fuera una amiga de la familia que conocía bien a mi abuelo. "No se preocupen que aquí trataremos 'al abuelo' de maravilla". Al día siguiente regresamos para el velorio y Esperanza nos recibió en la puerta con emoción y, como un niño que quiere llevar a sus padres a que vean el castillo de arena que construyó al otro lado de la playa, nos llevó a la capilla diciéndonos "todo quedó de maravilla. Vengan a ver que elegante se ve 'el abuelo'".

El resto de la despedida del abuelo transcurrió como era de esperarse: experimentando la tristeza natural del momento, que se incrementaba cada vez que recordábamos que la abuela no había podido asistir al funeral. Sin embargo, la presencia de Esperanza en medio de todo nos consolaba, pues nos hacía recordar que la muerte es parte de la vida y que, incluso en momentos como ése, se puede celebrar la existencia de la persona que se va.

A mi abuela Conchi le afectó mucho la noticia, y esto se reflejó directamente en su salud. Al poco tiempo de haberse enterado de lo ocurrido fue llevada a la unidad de cuidados intensivos, donde su salud fue decayendo poco a poco. Seis semanas después de la muerte del abuelo Eloy, mi abuela Conchi también se nos fue.

Debido a la experiencia positiva —en medio de lo triste— que habíamos tenido con Esperanza no tuvimos que pensarlo mucho para contactar a la misma funeraria. Allí estaba ella, contenta… sí… "contenta de verlos de nuevo por acá". Lamentó esta noticia que llegaba tan cerca de la anterior, pasando de palabras de consuelo como: "Ahora están juntos en el cielo". A preguntas como: "¿Quisieran el mismo paquete promocional que les dimos para 'el abuelo'?"

Todos en la familia habíamos aprendido a "querer" a Esperanza y su estilo amigable y sonriente de coordinar un funeral. La escena del día después fue idéntica a la que tuvo lugar cuando preparaba el funeral del abuelo; esta vez nos dijo: "Vengan a verla, ¡quedó tan linda!" Además agregó: "¿Les gusta cómo se ve? ¿Quisieran que arregláramos algo?" Allí estábamos, viviendo una nueva tristeza en la familia, evitando ser envueltos por el consuelo y la magia de "celebración funeraria" que ella le imprimía a cada familia que contrataba sus servicios.

El velorio de mi abuela transcurrió en medio de la doble tristeza que a todos nos embargaba. No podíamos creer que dos personas tan amadas por nosotros se nos habían ido y además en fechas tan cercanas. Todo marchaba sin contratiempos en medio de nuestro duelo, hasta el momento en el que salíamos de la funeraria y nos despedimos de Esperanza quien, respondiendo a nuestras palabras de agradecimiento por hacer más leve la tristeza, nos dijo en tono de dueña de salón de belleza: "De nada. Ustedes ya son parte de nuestra familia". En ese momento mi papá y yo nos vimos a la cara con una expresión de terror combinada con risa como diciéndonos: «¿Cómo? ¿Qué dijo? ¡A esta familia no queremos pertenecer ni de casualidad!»

Allí recordamos, con risas en medio del dolor, que hay que elegir muy bien a qué "familias" elegimos pertenecer en esta vida. Definitivamente no podemos escoger la familia en la que nacemos, pero hay una serie de "familias" en nuestra vida a las cuales tenemos la opción de pertenecer o no. Desde la familia que formamos con nuestra pareja, pasando por la familia que se forma en el trabajo, aquellas de nuestras actividades extracurriculares y el grupo que conformamos en nuestro centro espiritual, si tenemos uno.

Cuando tomamos decisiones sobre los lugares, grupos y organizaciones a los que pertenecemos, no solamente es importante tomar en cuenta la actividad a la que están orientados o el beneficio que nos pueden traer, sino también conocer tanto como se pueda a las personas que conforman esa "familia". La necesidad humana de pertenecer a un grupo ha logrado maravillas, como la liberación de un país, pero también ha ocasionado la muerte de jóvenes que entregan su vida al mundo de las drogas y el crimen.

Haber conocido a Esperanza también me ayudó a entender mejor la experiencia de la muerte. Aunque muchos quisiéramos negarla por completo, la muerte es parte de la vida y hay que enfrentarla tan intensamente como a las alegrías. Si en una boda bailamos, celebramos y gritamos de la alegría, cuando ocurre una muerte hay que poner a un lado lo que digan los demás y expresar toda nuestra tristeza sin ninguna atadura. Sin embargo, así como nos duele la pérdida de un ser querido, también llega el punto en el que es importante entender que la vida continúa. Cuando el tiempo haya pasado y sientas que la muerte de una persona importante para ti todavía está menoscabando tu calidad de vida y tu estado de ánimo, pregúntate por un momento cómo le gustaría a esa persona que tu vida continuara desde el momento que ella se fue.

El poder de **TU** historia

¿A qué familias perteneces en tu vida personal, laboral, social y espiritual?

¿Cuáles de estas familias traen cosas positivas a tu vida? ¿Existe alguna que podría estar haciéndote daño?

¿A qué familia sería bueno que dejaras de pertenecer y a cuál sería positivo que te incorporaras?

Luego de que haya pasado un tiempo que consideras razonable, ¿sientes que tu vida sigue amarrada a la muerte de un ser querido? ¿Cómo le gustaría a esa persona que vivieses hoy tu vida?

Cómo no culpar a
mi padre de ser racista

Cuando le pregunté a Jessica cuánto le gustaba su novio, en la escala del uno al diez, su respuesta no tuvo un segundo de retraso. "Diez", me dijo con toda seguridad. El problema era que su padre no lo aprobaba. "En la misma escala, mi papá le daría seguramente un uno". Mientras hago mi programa de radio, evito reírme de los pequeños juegos de palabras que allí surgen, pero en medio de la tristeza de Jessica, no pude contener la risa al ver el contraste entre el diez de ella y el uno de su padre. Mi respuesta inmediata fue: "Aquí tenemos un problema en el cual los números no cuadran para nada". Ella estuvo de acuerdo.

—¿Por qué no le gusta a tu papá ese muchacho? —pregunté recobrando la seriedad.

—Dice que es muy mayor para mí y que es morenito —reclamaba muy frustrada—. Mi papá lo que hace es llevarme a otros lugares para que yo no esté con él ni lo vea, porque él dice que mi novio es morenito y yo soy rubia.

Ella tenía veinte años de edad y él veinticinco, así que me atreví a asegurarle que la diferencia de edad era una excusa de su padre para agregarle más leña al fuego.

—¿Qué ha sido lo más difícil que has vivido debido al rechazo de tu padre hacia tu pareja?

—Yo había puesto en la sala de la casa la foto en la que salíamos mi novio y yo el día de mi graduación. Un día en el que vendrían amigos de mi padre, él escondió la foto en un sitio de la casa donde sus invitados no pudieran verla. Al darme cuenta, me fui a mi cuarto a llorar, pero desde allí pude escuchar como mi padre les decía a los demás que "ya yo no estaba con ese negro" porque él quería "un futuro mejor para mí".

Le pregunté a Jessica si sentía que su madre aceptaba un poco más la situación e inmediatamente me dijo que sí. Entonces, juntos ideamos formas de utilizar a su mamá para tratar de que su padre dejara de interferir en su relación.

La historia de Jessica refleja no solamente el sufrimiento por el que pasan las parejas interraciales —parejas conformadas por personas de distinto origen étnico—, sino también el que sufren las parejas homosexuales y aquellas con gran diferencia de edad.

Recuerda que los tiempos cambian. Independientemente de la edad que tengas, el ambiente en el que tú creciste seguramente es muy diferente al que crecieron tus padres, y aún más distinto si lo comparas con el de tus abuelos. Trata de entender que sus críticas, aunque no las compartas, se originan en ideas que predominaban en los tiempos en que ellos fueron criados. Esto hará un poco más fácil la tarea de encontrar la forma de convencerlos de que estás luchando por tu felicidad en un mundo que ha cambiado y sigue cambiando.

Mientras la mayoría de las personas que enfrentan un problema se concentran en la necesidad de que los comprendan, muchos

podemos salir más fácilmente de la situación cuando nos dedicamos a comprender a la otra parte. Eso nos ayudará a actuar con compasión, y la respuesta de la parte contraria poco a poco nos sorprenderá.

El poder de **TU** historia

¿Alguna vez has tratado de comprender a aquél que se porta injustamente contigo?

¿Podrías por un momento aceptar que esa persona que tanto daño te hace, también tiene un lado bueno y que está actuando sin pensar que te hace daño?

«Yo soy "el otro"»

Si bien el estereotipo es que, en relaciones en que uno de los amantes es casado, el casado sea el hombre, no se puede negar que también existen muchos casos de hombres que mantienen relaciones con mujeres casadas. Las infidelidades no siempre involucran "a la otra mujer", sino que también pueden involucrar "al otro hombre".

Carlos se sentía muy triste y solo. Había conocido a una mujer en su trabajo y la química entre ellos fue inmediata. Una conversación cordial en medio de los momentos de descanso llevó a "un café fuera del trabajo", y ése fue sólo el inicio de todo. Al principio comenzaron mintiéndose el uno al otro, haciendo entender que no tenían compromiso alguno y que podían salir sin problema y disfrutar como dos personas solteras. Más adelante, debido a los rumores de los compañeros de trabajo, no les quedó más remedio que sincerarse: ambos eran casados, tenían hijos y llevaban matrimonios muy infelices.

La verdad surgió entre ellos, en tanto que la mentira llegó a sus respectivas casas. Durante meses hicieron un esfuerzo por ocultar su infidelidad, pero la carga era cada vez mayor. "Amo a una mujer casada. Los dos queremos salirnos de nuestras casas y decirle al mundo que nos amamos, pero hay niños de por medio. Ninguno de los dos se atreve a dejar a su respectiva pareja, porque no queremos afectar a nuestros hijos", me decía este hombre, completamente desconsolado al referirse a su preocupación principal.

"Es muy, muy fuerte cuando tu amor cambia de lugar", expresaba este hombre. Mientras me contaba sobre lo que estaba viviendo, deduje que él estaba más preparado que ella para dejar su casa y emprender una nueva vida juntos. Él esperaba por ella y no al revés; según el estereotipo, es más común que sea la mujer quien ocupe esta posición de debilidad emocional.

Me llamó la atención escuchar a un hombre frustrado porque ella no respondía sus llamadas debido a que su esposo podría descubrirla. Él sufría porque ella le prometía que "muy pronto" dejaría a su marido para unirse a él. A pesar de todo, decía Carlos, "cuando estamos juntos nos sentimos como en el cielo. Es una felicidad que no puedo describir. Ponemos a un lado las barreras que nos separan y pensamos en el futuro, en todo lo que podríamos hacer y lograr con una vida juntos".

Lamentablemente, estos planes maravillosos estaban muy lejos de la realidad. "Alberto, lo que pasa es que hay una relación muy cercana entre los hijos de ella y su padre. Además, ella depende económicamente de él", explicaba Carlos mientras reflexionaba sobre "no querer forzar las cosas". No se daba cuenta de que las estaba forzando más que nunca hacia el lado equivocado, al no tomar una decisión para terminar con esta inestabilidad en su vida. Entonces me planteó una pregunta inesperada: "Alberto, ¿qué pondrías tú primero, la felicidad de tus hijos o tu propia felicidad?"

Era una pregunta difícil. Entiendo que la mayoría de la gente, si tuviera que elegir, pondría primero la alegría de sus hijos que la propia. Sin embargo, mi posición no es que hay que optar por una, sino por las dos: "No tienes que elegir entre estas dos; busca las dos", le dije a Carlos, quien reaccionó con un silencio absoluto. Y ésa fue mi oportunidad para agregar: "Busca las dos alegrías, pero asegúrate de que sean las correctas. Tus hijos siempre serán tus hijos y no habrá más nadie como ellos para hacerte feliz como padre, pero ¿estás seguro de lo que significa esta otra mujer para ti? ¿Estás con ella porque es tu persona ideal, o simplemente porque no quieres enfrentar ciertos problemas en tu matrimonio?"

Volvió a quedarse en silencio al otro lado de la línea, pero esta vez fue seguido por el clic típico de un celular cuando termina una llamada. Carlos me había colgado, pero yo jamás he colgado la esperanza de que este hombre haya obtenido una perspectiva diferente para ver su propia historia, en camino a tomar las mejores decisiones posibles para él y para sus hijos.

El tema de "no dejar a esa persona para no hacerle daño a mis hijos" es complicado, porque los niños pueden ser un arma de doble filo en una relación de pareja. Por más que se intenten ocultar los problemas, ellos siempre perciben la tensión y la falta de armonía entre sus padres, así que esos momentos de crisis de pareja podrían causarles mucho daño. Asimismo los hijos son el fruto más importante del amor entre dos personas, y un recordatorio diario de las razones que unieron a esa pareja, así como de lo mucho que vale la pena luchar para mantener la familia unida. Aunque suene ambicioso, es muy posible lograr la felicidad en nuestra relación de pareja conjuntamente con la felicidad de nuestros hijos. La satisfacción en una de estas dos áreas no puede ser una excusa para estar infeliz en la otra.

Las etapas de transición, en las que nos damos cuenta de que una relación de pareja podría no estar funcionando no son nada fáciles; pero

se complican más aún cuando buscamos formas de escape temporal como las infidelidades. No hay una sola relación de infidelidad que termine sin herir a alguien. Es mejor tener cien discusiones con nuestra pareja, hasta determinar si podemos o no seguir adelante en la relación, que buscar un amante que mitigue la infelicidad.

El poder de **TU** historia

¿Te has quedado en una relación más de la cuenta por no afectar a tus hijos? En ese tiempo adicional, ¿se han hecho más difíciles las cosas con tu pareja, o has logrado ver a tus hijos como la razón que una vez los unió y por quienes vale la pena luchar para salvar la relación?

¿Alguna vez te has sentido atraído por otra persona mientras te encontrabas en una relación estable? ¿Te has atrevido a tomar alguna acción en consonancia con este sentimiento? ¿Crees que existe alguna relación causal entre la crisis de tu matrimonio y el hecho de que alguien más te haya llamado la atención?

Se quitó la vida y es mi culpa

¿Alguna vez has tenido un problema con alguien que haya causado un completo alejamiento de esa persona? ¿Cómo te sentirías si te enteraras de que a él o a ella le ha ocurrido algo terrible? Eso me había pasado en un par de ocasiones en mi vida, hasta que una noche, durante el programa de radio, recibí una llamada que me daría una gran lección.

Teresa había conocido a quien sería su esposo desde que era una adolescente. Tuvo su primer hijo a los diecisiete años de edad, pero los actos de violencia de su esposo comenzaron también desde temprano. "Me decía cosas muy desagradables, pero yo pensaba que eso tenía que ver con que él era huérfano. Siempre me convencía a mí misma de que poco a poco se le iba a quitar".

Aunque cueste creerlo, ella soportó esta situación por casi treinta años hasta que finalmente decidió tomar medidas. Buscó ayuda en un lugar para víctimas de violencia doméstica, donde le brindaron protección temporal en un sitio aislado permitiéndole alejarse de él. Sin embargo, él la seguía buscando y logró encontrar el lugar donde ella estaba. Allí, como es debido, nunca le dieron detalles sobre ella y ni siquiera le confirmaron que se encontraba allí.

Transcurridas algunas semanas, Teresa comenzó a recibir mensajes de conocidos comunes acerca de que él estaba muy deprimido, que había adelgazado muchísimo y que tenía, supuestamente, un gran remordimiento por haberse portado mal con ella por tantos años. "Pero yo sabía que si volvía con él, me iba a matar. Las últimas noches en casa ya no podía ni dormir de tanto que él me maltrataba y del miedo que tenía a que volviera a ocurrir, así que yo no estaba dispuesta a volver".

Teresa estuvo en el refugio un par de meses. Cuando se mudó, cambió su vida tanto como pudo para evitar que este hombre la encontrara. Una mañana, mientras disfrutaba de un viaje corto junto a su hija, recibieron una llamada con una terrible noticia: era otro de sus hijos para informarles que ese hombre que tanto había hecho sufrir a Teresa, el padre de sus hijos, se había quitado la vida.

El impacto y las lágrimas de madre e hija fueron intensos, y el sentimiento de impotencia por no haber podido prevenir esta muerte hacía la situación aún más difícil. Teresa se sintió obligada a darle un último adiós al hombre que le había traído, a la vez, tanta felicidad y tanta tristeza. "Me encargué de todas las gestiones funerarias, como si todavía fuese su esposa, a pesar de que la institución a la que acudí también me había ayudado a divorciarme legalmente", me narraba Teresa con voz entrecortada.

"Ahora me siento muy sola, Alberto. Muy, muy sola", me decía luego de tres años y medio de esta pérdida en su vida. Indagando un poco más en sus sentimientos, Teresa confesó sentirse "cargada". Pero, ¿cargada de qué? "Cargada de culpa. Él lo hizo porque no tenía forma de acercarse a mí".

Su historia era probablemente una de las más duras que había escuchado a lo largo de los años conduciendo el programa. Es increíble cómo cada persona puede reaccionar de una manera completamente distinta ante las situaciones de la vida. Me resultaba fácil entender que ella estuviese triste por el fallecimiento de alguien que fue importante en su vida, pero

¿sentirse culpable de la muerte de esta persona, luego de que le hizo tanto daño? ¿Qué podría estar pasando por la mente de Teresa para que esa fuese su reacción?

"Yo lo seguía queriendo, Alberto. Sabía que no era la persona para mí, pero mis sentimientos no habían cambiado". Mientras, entre lágrimas, ella seguía contándome cómo se sentía responsable de la muerte de su ex, me di cuenta de la importancia que tiene cerrar los ciclos en la vida. Si bien toma un tiempo desconectarnos emocionalmente de alguien de quien hemos decidido alejarnos (lo cual no había ocurrido aún en el caso de Teresa), lograr esto es fundamental para poder continuar con la vida.

La historia de Teresa es un buen ejemplo que comenzó a ayudarme a mí, en el plano personal, a asegurarme tanto como me fuera posible, de que no quedaran asuntos pendientes o heridas abiertas con personas con las que había dejado de tener una relación sentimental o de amistad, debido a diferencias entre nosotros.

"Teresa —le dije—, aunque es muy duro pasar por algo como esto, recuerda que tú hiciste lo necesario para proteger tu propia vida. Luego de que él se fue y tú conseguiste que esta organización te ayudara, dejaste de ser una persona que influenciara sus decisiones. Lo que él hizo con su vida y su destino no tiene que ver nada en absoluto contigo. El haberse quitado la vida fue su decisión. Además, tú no fuiste la que cometió actos violentos contra tu pareja, ni tampoco intentaste arruinar su autoestima como lo hizo él contigo".

Esta mujer había hecho todo lo contrario durante su vida con él: lo había apoyado, le había traído buenos momentos y se habían convertido juntos en padres a una edad muy temprana.

Nuestra conversación terminó con el compromiso de parte de Teresa de enfocarse en las cosas positivas que le trajo su vida junto a él —en primer lugar, en sus hijos que tanto la necesitaban— y trabajar en perdonarlo a él poco a poco por el daño que le hizo. La clave estaba en reconocer que debía sentirse orgullosa por haber tomado la decisión de alejarse de él, para salvar su propia vida y buscar su felicidad.

La culpabilidad es mala compañera. Muchas veces tenemos verdaderas razones para sentirnos culpables, especialmente cuando cometemos un error; pero otras veces esa sensación la creamos en nuestra mente sin motivo alguno. En cualquier caso, es importante concentrar los esfuerzos en hacer desaparecer ese sentimiento *poco a poco*.

Si encuentras una culpa verdadera, recuerda que cometer errores es de humanos. Si caes en cuenta de que la culpa es una fabricación de tu mente, reconócelo. Ése es el primer paso para quitarte de encima ese sentimiento.

Si alguna vez alejaste a una persona de tu vida porque sabías que no era lo que te convenía, piensa día tras día en las lecciones que esa relación —sentimental o de amistad— trajo a tu vida. Aprender de las situaciones difíciles que nos toca vivir nos ayuda a cerrar ese capítulo. Aprovechemos el momento para darnos cuenta de cómo esa situación nos hizo mejores personas, y lleguemos a reconocer que esta mejoría se debe a la experiencia vivida, no importa qué tan difícil haya sido para nosotros.

El poder de **TU** historia

¿Hay alguien que alguna vez fue parte de tu vida y de quien te alejaste, sin cerrar completamente ese ciclo en tu mente y en tu corazón?

¿Cómo te sentirías si un día te enteraras de que esa persona pasó por una situación catastrófica o que falleció? ¿Sentirías tranquilidad porque ese capítulo de tu vida quedó cerrado o es posible que sientas inquietud por no haber concluido esa etapa?

Siete años de casados;
seis años sin sexo

Jamás imaginé que una pareja con siete años de matrimonio pudiera llevar seis de esos años sin tener relaciones sexuales. El caso de Ana me abrió los ojos hacia realidades como ésa. Al principio de la conversación ella explicaba que las ocupaciones de su marido eran la causa de tal anomalía. "Tiene tres trabajos, incluso los fines de semana. Cuando regresa a casa siempre me dice que está cansado y no tiene ganas de hacer nada".

Ana y su esposo habían recibido terapia, y ella aseguraba que la ayuda profesional no les funcionó. Después me aclaró que solamente habían ido a terapia dos veces; en dos horas con un experto es prácticamente imposible resolver seis años de frustraciones.

La impresión que me daba esta mujer de voz frágil y palabras lentas era que tenía una imagen tan negativa de sí misma y de sus propias opiniones que ponía todo lo que decía su marido por encima de lo que ella pensaba y de su propia búsqueda de la felicidad.

—¿Qué es lo que deseas en tu relación?

—Deseo que sea como antes. Él me dice que muy pronto será así, pero ya no le creo porque se parece a los políticos que prometen y no cumplen —dijo Ana tratando de encontrar un poco de humor en medio de su preocupación.

—¿Qué ocurrió entre ustedes que pudo haber causado que tu esposo perdiera las ganas de tener relaciones contigo?

—El primer año todo iba de maravilla en esa área de nuestra vida. Sin embargo, él estuvo enfermo y tuvieron que hacerle una cirugía. Después de eso y pasada su recuperación, ya nunca más quiso estar conmigo.

—¿Alguna vez consultaron con un médico a ver si a lo mejor tendría razones físicas por las cuales perdió su apetito sexual?

—Yo se lo dije varias veces durante el primer año, pero él me dijo que ese tema solamente lo podíamos hablar entre nosotros, así que me prohibió hablar con nadie más sobre eso.

—¿Por qué crees que él no quería que hablaras con nadie del tema?

—Pues, es lo típico del hombre, Alberto, el machismo y la pena de que alguien se dé cuenta de que son débiles en la cama. No lo pueden soportar.

El esposo de Ana estaba más preocupado por evitar que alguien supiera de su problema de salud que en resolverlo; prefería sufrir de lo mismo por el resto de su vida que consultar a un médico.

La forma en la que Ana había manejado esta situación hasta el momento no iba a cambiar nada. Eran seis años de dejar las cosas para después; seis años de frustración, dolor y, sobre todo, de una total falta de iniciativa para tomar decisiones.

—¿Qué crees que puede pasar si tú sigues sintiendo que no atraes a tu esposo?

—La verdad es que ya en este punto yo creo que él tiene otra mujer, porque cómo se explica uno que un hombre joven y saludable no tenga nadita de atracción y deje pasar tantos años. Yo creo que eso es imposible.

Finalmente logré convencer a Ana de que, en vista de que su esposo no quería ayudarse a sí mismo, era ella quien debía hacer algo de inmediato para sentirse mejor. La convencí de que visitara a un terapeuta familiar, aun si su marido no estuviese dispuesto a ir con ella.

Al cabo de un tiempo, me alegró recibir la llamada de Ana, quien había aprendido poco a poco que no tiene sentido que nos quedemos paralizados cuando algo nos sucede con nuestra pareja, porque, simplemente, estaríamos —como dicen en mi país— "corriendo la arruga". En otras palabras, independiente de cuánto echemos hacia un lado una situación, ésta sigue estando allí, y, cuando no nos quede otro remedio que confrontarla, será más difícil de solucionar.

La preocupación por no mostrar debilidades —la cual se origina muchas veces en el machismo— no resuelve los problemas más importante de la vida. Tratar de escudarnos en eso no es más que un intento de tapar el sol con un dedo, cuando en el fondo sabemos que es imposible. Además, nada mejor que aprovechar una situación difícil para demostrarle a nuestra pareja que confiamos plenamente en ella o en él y que estamos listos para luchar juntos contra cualquier obstáculo.

Cuando una persona importante para ti decide no enfrentarse a un asunto complicado que te afecta directamente, entonces es urgente que des el primer paso y busques ayuda para resolver el problema. A partir de allí las cosas podrían tomar uno de los siguientes cursos. El primero

es que tus acciones motiven a la otra persona a ir junto a ti en una misma dirección, bien sea porque está convencida de que es la mejor opción o porque teme quedarse atrás. El segundo es que, mientras esa persona no hace nada por resolver las cosas, tú comenzarás un camino de conocimiento propio y crecimiento que te traerá muchas oportunidades de acercarte más a la vida que de verdad quieres. Recuerda siempre esa famosa frase atribuida a Albert Einstein: "La vida es como montar en bicicleta. Para mantener el equilibrio debes mantenerte en movimiento".

El poder de TU historia

¿Has arrastrado o arrastras un problema con tu pareja o con un ser querido desde hace muchísimos años, sin que nadie haga algo para resolverlo?

¿En manos de quién ha quedado abordar e intentar resolver ese problema? ¿Será que, aunque sientas que la responsabilidad está en manos de la otra persona, tú podrías dar algunos pasos que te permitan encontrar una solución y aprender de la experiencia?

Carta de una oyente que ya se había marchado

A pesar de que cada historia que tengo la oportunidad de escuchar en la radio tiene una enseñanza que la hace única y especial, algunas de ellas me han marcado para siempre. Si bien es cierto que me involucro profundamente en lo que cada persona me cuenta, ha habido unas pocas ocasiones en las que la historia ha terminado involucrándome en forma inesperada.

La de Magdalena es una de estas historias. Esta mujer, de unos cincuenta años de edad, originaria de República Dominicana, llamó al programa de radio para pedir ayuda, pero terminó cambiando mi vida —y la vida de tantas personas— con esa llamada. Comenzó su relato contándome que, a lo largo de su vida, había tenido a su cargo un total de catorce niños y niñas a quienes consideraba sus hijos. La vida no le había dado hijos biológicos, y por esta razón decidió ser madre adoptiva, temporal en algunas ocasiones y permanente en otras. Cada una de esas criaturas, independientemente del tiempo que hubiese estado bajo sus alas protectoras, era especial para ella. Se sentía orgullosa de que ellos ya hubiesen salido de su casa y marcharan por el camino del bien. Sin embargo, en ese corazón tan grande había más amor para entregar. Magdalena había fundado una organización que conseguía y distribuía pañales para adultos tanto en hogares de ancianos como en casas particulares.

Mientras todos los que la escuchábamos en el estudio y —me imagino— a través de la radio estábamos impresionados por la bondad de esta mujer, ella me explicaba que el motivo de su llamada no era contar su historia, sino pedir la ayuda de la comunidad para que los pañales siguieran llegando por medio de ella a quienes los necesitaban. Fue así como no solamente hizo un llamado a las empresas que pudieran donarlos, sino que también se puso a las órdenes de cualquier persona en la comunidad que tuviese esa necesidad.

Aproximadamente un mes después de haber recibido esta llamada excepcional, Francisco Javier, mi productor en ese momento, me hizo una seña en medio del programa para que le prestara atención.

—¿Recuerdas a Magdalena? —me preguntó.

—¿Cómo la voy a olvidar? —respondí.

—Su hermana está en la línea y quiere ir al aire en el programa porque necesita hablar contigo.

Así lo hicimos.

"Alberto —comenzó a explicar esta señora—, perdone que le diga que no soy oyente de su programa. Vivo en la República Dominicana y estoy aquí porque tengo una carta dirigida a usted, que mi hermana escribió en su computadora y no alcanzó a enviarle". Yo no entendía por qué Magdalena no había podido comunicarse conmigo o enviarme una carta, cuando ya habíamos estado en contacto antes. Su hermana me lo aclaró de inmediato. "Lo que ocurre, Alberto, es que, hace dos semanas, mi hermana viajó de Miami a Atlanta sin decirle a nadie. Lo hizo porque allí había alguien que estaba a punto de morir si no recibía un trasplante de médula ósea, y mi hermana era una donante compatible. Como sabía que le diríamos que no lo hiciera porque su salud era delicada, ella viajó sin avisarnos para donar su médula". En ese momento la voz de la mujer comenzó a debilitarse, tratando de disimular sus ganas de llorar. "Alberto, algo salió mal en el momento del trasplante y mi hermana falleció". Al escuchar estas palabras, todos en el estudio de radio palidecimos y nos veíamos sin saber qué hacer. Mi mente quedó en blanco y eso se tradujo en un silencio al aire, algo que debe evitarse en la radio a toda costa. En ese momento vino a mi mente el título de un conocido libro escrito por el rabino Harold Kushner titulado *Cuando a la gente buena le pasan cosas malas* (que recomiendo, por cierto, ya que hace una excelente interpretación de situaciones como ésta).

Esta llamada tan inesperada había hecho que mis ojos se aguaran y mi voz se entrecortara durante los pocos momentos en los que me atreví a articular alguna palabra. "Ante esta noticia —continuó esta mujer en medio de su profunda tristeza—, tuve que viajar inmediatamente desde mi país a Estados Unidos para reclamar el cuerpo de mi hermana y darle sepultura. Hace unos días, arreglando las pertenencias de Magdalena, encontré su computadora y en ella una carta que mi hermana le estaba escribiendo a usted. Una de mis primas me contó de su programa, y hace días que estaba intentando comunicarme para leerle la carta".

Confieso que nunca antes en mi vida había recibido una carta dirigida a mí después de que su autor hubiese fallecido, así que esta fue una impactante primera vez. La hermana de Magdalena me leyó estas líneas en las que me daba las gracias por haberle permitido salir al aire en el programa, porque su llamado había traído ofertas de ayuda de varias organizaciones, así como la oportunidad de colaborar con oyentes de mi programa que necesitaban lo que ella con tanto cariño ofrecía. Fueron unas pocas líneas en las que me enviaba sus buenos deseos que —en esas circunstancias— sentí como si hubiesen sido enviados desde el cielo.

El sólo pensar en las mínimas probabilidades que existían de haber recibido ese mensaje luego de que su autora hubiese fallecido me hizo sentir que yo recibía un pequeño milagro. Y es que la vida se trata de pequeños milagros. Dios nos envía milagros enormes de los que en ocasiones escuchamos; por ejemplo, el de una vida que se salva cuando se había perdido toda esperanza. Y, en mi opinión, también nos manda otros más pequeños que, con un mensaje más sutil, podrían también estar salvando nuestra vida. Algunos se revelan de manera evidente e ineludible frente a nosotros, mientras que otros nos llegan de una forma que parece accidental y que requiere que hagamos una parada en el camino para encontrarlos.

Luego de todos estos años, cuando me preguntan cuál ha sido la historia que más me ha impactado entre todas las que he escuchado en el programa, inmediatamente recuerdo lo que ocurrió con Magdalena, y no puedo evitar que mi voz se entrecorte, como si la estuviera viviendo de nuevo.

Cuando pienso en Magdalena, siento que la principal lección que vino a enseñarme es que no existe un límite a la hora de hacer el bien. El hecho de que ya hayamos donado dinero a una causa, o hayamos hecho feliz a una persona dándole nuestra atención en un día determinado, no quiere decir que no podamos volver a ayudar a alguien que poco después aparezca en nuestro camino. Hacer el bien no es un asunto de "responsabilidad social" o de ser "políticamente correctos", sino más bien de soltar un poco más de nuestra energía positiva hacia un mundo que la necesita más que nunca.

Al recordar la historia de Magdalena también pienso en todos los elementos que formaron parte de lo que llamo "mi pequeño milagro". Nada de esto habría ocurrido si ella no hubiese llamado al programa, si su hermana no se hubiese preocupado por entregar la carta que encontró y si mi equipo de producción no le hubiese puesto interés a esa segunda llamada. Cuando tengas el presentimiento de que debes hacer algo respecto a una situación que se te presenta, no rompas la cadena, pues podrías estar interrumpiendo un nuevo "pequeño milagro" en la vida de alguien.

El poder de **TU** historia

¿Sientes que haces el bien y entregas al mundo suficiente energía positiva con tus acciones? ¿Qué más podrías hacer para ayudar a los demás y dejar este mundo un poquito mejor que como lo encontraste?

¿Alguna vez has ignorado una situación que pudo haber requerido de tu ayuda para cambiar positivamente la vida de alguien? En otras palabras, ¿alguna vez has dejado de entregar una carta o mensaje que llegó a ti, pero que era para alguien más?

¿Has vivido una situación en tu vida a la que hoy podrías definir como un "pequeño milagro"? ¿Cómo cambió tu vida el haber experimentado ese momento?

El náufrago al que
se le quemó el refugio

No me quiero imaginar lo difícil que sería para mí naufragar e ir a parar a una isla desierta. Nunca he sido afecto al turismo de aventuras ni soy diestro en el uso de botiquines de primeros auxilios. Tampoco soy de los que llevan una navaja suiza a todas partes —como muchos de mis amigos— por si acaso ocurre algo que amerite su uso. Debe ser por eso que cuando me subo a una embarcación muy pequeña, me aseguro de que no vayamos muy lejos. Creo que por eso jamás se me va a olvidar la historia del náufrago.

Cuenta esta historia anónima que el único sobreviviente del hundimiento de un barco llegó a la playa de una pequeña isla que, para empeorar las cosas, estaba deshabitada. Siendo una persona llena de fe, le pidió muchísimo a Dios ser rescatado pronto, y siempre se mantenía viendo al horizonte, pero nadie llegaba por él.

Pasados varios días, su única opción fue construirse un refugio. Fue así que hizo una pequeña cabaña de madera para protegerse de los elementos del tiempo y almacenar lo poco que tenía.

Un día decidió dar una vuelta por la isla, un poco más lejos de lo que acostumbraba, con la intención de conseguir alimentos para subsistir. Al regresar a su casa encontró su diminuta cabaña envuelta en llamas, con humo sumamente denso y que llegaba hasta el cielo. Antes de este percance él pensaba que ya lo había perdido todo en la vida; al ver cómo su humilde refugio desaparecía entre las llamas se dio cuenta de que era ahora —no antes— cuando había perdido todo. Entonces, confundido por creer tanto en Dios y a la vez sentir que Diosito lo había dejado desprotegido, dijo en voz alta: "¿Por qué me hiciste esto? ¿Yo qué hice para merecerme un castigo así?" A las pocas horas lo venció el cansancio y se quedó profundamente dormido entre las plantas cercanas a la playa.

Al día siguiente, el sonido de un barco que se acercaba rápidamente a la isla lo despertó. El náufrago no cabía en sí de felicidad; el barco lo había encontrado después de varios días de búsqueda.

Cuando subió al barco preguntó: "¿Cómo supieron que yo estaba aquí?" La respuesta de los tripulantes del barco lo dejó sin palabras: "Supimos que estabas aquí porque vimos tus señales de humo".

La razón por la cual nos sentimos tan tristes cuando las cosas nos salen mal es que no podemos ver más allá del presente, y pensamos que lo único que nos espera es esa situación, nada más. Sin embargo, a todos nos ha sucedido más de una vez que, cuando algo que deseamos no llega a nosotros o cuando algo importante se va sin avisar, de alguna manera se está abriendo un espacio para que algo mucho mejor llegue a nuestra vida.

Sé que es un reto muy grande ver que nuestra "cabaña quemada" pueda significar algo positivo, pero date la oportunidad de pensar que frente a esa situación negativa, más adelante llegarán lecciones y oportunidades que voltearán las

cosas a tu favor. Si al igual que yo crees en esa fuerza superior que muchos llamamos Dios, entonces vas a estar de acuerdo conmigo en que Él trabaja a nuestro favor, aún en los momentos en que sentimos el más grande de los sufrimientos.

El poder de **TU** historia

¿Puedes recordar alguna ocasión en que una tragedia que para ti parecía "el fin del mundo" representó un aprendizaje para ti o tuvo una consecuencia positiva?

¿Sientes que en tu vida se está quemando tu "cabaña de madera"? ¿Crees poder encontrar una razón de por qué eso a lo que tanto te has aferrado ahora tiene que terminar?

Hecha y derecha, pero ¿manipulada por sus hijas?

Del sinnúmero de historias que cada noche escucho en mi programa de radio he aprendido que una de las relaciones de pareja más difíciles de manejar es la conformada por personas que ya han tenido otras relaciones largas. La situación se complica aun más cuando hay hijos de por medio.

Vicente me llamó una noche para contarme que, luego de años de un matrimonio lleno de altibajos que terminó en divorcio, apareció en su vida una mujer muy especial. Al contrario de lo que había vivido en el pasado, esta vez encontró a alguien que lo valoraba, tenía gestos muy especiales con él día tras día y, finalmente, sintió que ambos estaban muy enamorados uno del otro. Estaba muy feliz al poder borrar su pasado y emprender un nuevo camino, pero jamás pensó que las tres hijas de su nueva pareja podrían afectar tanto su nueva relación. Cuando se conocieron, dos de ellas eran mayores de edad —una de veinte años de edad y la otra de dieciocho— mientras que la tercera era una adolescente de quince, aparentemente muy rebelde.

La vida de estas jóvenes no había sino nada fácil. Dos venían del primer matrimonio de su madre y la tercera venía de una segunda relación importante que no se había formalizado. Por veinte, dieciocho y quince años, respectivamente, cada una había experimentado grandes frustraciones y había sido afectada por las decisiones sentimentales de una madre que reescribía en la vida de sus hijas lo que ella también había experimentado a esa edad. El trato de las hijas de su pareja hacia

Vicente comenzó siendo muy agresivo, pero al pasar el tiempo optaron por ignorarse, especialmente desde el momento en el que comenzaron a vivir bajo un mismo techo. La relación de Vicente con su mujer terminó completamente aislada de la relación entre ella y sus hijas. Los planes de fin de semana se hacían de manera separada porque, según él, "no hubo forma de que ellas me aceptaran". Luego de cinco años viviendo juntos me cuenta que "las hijas le habían criticado muchas cosas a ella ('¿Por qué no estás sola?' '¿Para qué necesitas de ese hombre?')". A su mujer le afectaba escuchar eso de parte de sus hijas. No quería que su relación fallara, no quería perder a un hombre tan especial, pero tampoco se atrevía a poner un freno a las críticas de sus hijas. La culpabilidad por lo que sentía que les había hecho vivir no se lo permitía.

En medio de la angustia que le genera a cualquiera el ventilar sus problemas en un foro público como la radio, Vicente me contó que, hacía unos días, había tenido un "problemita" con su esposa, en el que las hijas también tomaron parte. Aparentemente la pareja discutió porque él pasó a recogerla a su trabajo y, al subirse al auto, su mujer le sintió un fuerte aliento a alcohol. La discusión se puso tan violenta —ella lo acusaba; él lo negaba— que él dejó el volante y se bajó del auto abruptamente en un semáforo en rojo; ella terminó manejando el auto hasta su casa y él tomó un taxi. Cuando intentaron retomar la conversación más tarde en casa, él terminó poniéndose más agresivo aún, y admitió que le había dicho "un montón de vulgaridades" a su mujer.

Dos de las tres hijas aún vivían con ellos, y aparentemente escucharon una parte de la pelea desde sus habitaciones. Vicente explica que "después de eso las hijas preguntaron que por qué discutimos tan fuerte, y volvieron a decirle a ella que yo no servía para nada y que ella no debía seguir conmigo. Le dijeron que eligiera entre ellas o yo".

Después entendí que el problema de Vicente con el alcohol venía de hacía mucho tiempo. Durante su primer matrimonio, su esposa había sufrido de depresiones durante varios años y nunca fue atendida por un profesional. Este hombre, en su desesperación, había comenzado a refugiarse en amigos a los cuales les contaba sus penas. Y cada vez que necesitaba hacerlo, siempre quedaban en encontrarse en un bar, donde el alcohol comenzó a jugar un papel importante en esta historia. El miedo a enfrentar la depresión de su primera esposa había hecho que Vicente se acostumbrara a evadir los problemas, refugiándose, ya no en los amigos, que habían desaparecido poco a poco, sino en la soledad de la bebida.

Debido a que las hijas intervinieron en la pelea con palabras muy fuertes hacia él, Vicente tomó una de las decisiones más difíciles de su vida: se marchó del que había sido su hogar durante los últimos cinco años y le dijo a su esposa que no regresaría hasta que ella no le pusiera un freno a los comentarios de sus hijas. Esta separación fue útil para ambos ya que tuvieron tiempo de pensar en lo que estaba ocurriendo. Vicente tuvo conversaciones muy valiosas con su madre, ya muy mayor y sobre todo sabia en las lides del amor. "Ella me dijo que el tiempo curaba las heridas, pero no porque se olvidaran sino porque deja que las dos personas lo piensen todo un poco mejor", me explicó conmovido este hombre. Luego de una semana en casa de su madre, Vicente recibió la llamada que más había esperado: era su mujer contándole que esos días le habían servido para reflexionar sobre lo que ocurría y para, finalmente, ponerle un freno a los comentarios de sus hijas respecto a su relación. Durante la semana ella había reunido a las tres hijas para establecer claramente los límites hasta los cuales ellas podían llegar en sus comentarios.

"Lo mejor de todo fue —explicó Vicente— que cuando vi que ella estaba dispuesta a trabajar en eso para ayudar a resolver sus problemas, yo también me decidí a buscar ayuda para quitarme el problema de la bebida". Lo que más me llamó la atención en ese momento fue que este hombre se había enfocado durante casi toda nuestra conversación al aire en el problema que tenía su esposa y prácticamente había ignorado que él tenía un posible problema de alcoholismo. La reflexión de su esposa sobre el problema que ella tenía le había servido a Vicente para verse en ese espejo y entender que él también tenía algo pendiente por resolver, para poder ser más feliz en su relación.

"Ahora que ella puso un freno, ellas saben que no se pueden meter entre nosotros, pero yo también he puesto de mi parte, ya casi no peleamos y las tres hijas me respetan como el esposo de su madre".

Aprendí de un buen amigo que, en un problema entre dos, ninguno tiene el 100% de la responsabilidad. Aunque para ti sea evidente que la persona con la que has tenido el problema tenga la mayor parte de la responsabilidad, lo máximo que podemos atribuirle es un 99%. Es nuestro deber encontrar ese 1% de responsabilidad que tenemos en un problema con otra persona. Si esa otra persona es agresiva, ¿habrá algo que estemos diciendo que "active" más su agresividad? Si una persona nos robó, ¿habrá algo que tengamos que resguardar mejor para que no nos vuelva a ocurrir? Haciendo esa reflexión, ante cualquier problema en la vida, podremos aprender sobre las cosas que están bajo nuestro control y que podemos mejorar.

Podemos pasar días, meses y años esperando que una persona cambie esa actitud que nos trajo un problema con él o ella. Sin embargo, la espera resulta mucho más productiva —y hasta se acorta— cuando comenzamos por encontrar nuestros propios defectos, aun cuando sólo hayan jugado un papel mínimo en esa situación. Encontrar y reconocer nuestros errores, no sólo nos convierte en mejores personas a largo plazo, sino que le demuestra a la otra persona que entendemos que cualquiera se equivoca y que todos somos capaces de rectificar.

El poder de **TU** historia

¿Alguna vez has terminado una relación —de pareja, amistosa o profesional— en la que piensas que la otra persona tiene toda la culpa? ¿Crees que podrías encontrar ese 1% de responsabilidad, es decir, aquello que pudiste haber hecho mejor aunque el otro haya tenido la mayor parte de la culpa?

¿Estás viviendo actualmente una situación con alguien de quien esperas un arrepentimiento total para poder retomar la armonía entre ustedes? ¿Hay algo, aunque sea pequeño, que pudieras reconocer como un error de tu parte y que permita reiniciar las conversaciones?

José José: ¿Abandonó a su amor en plena enfermedad?

El público latino ha seguido y admirado por años la carrera artística del cantante José José. Con millones de discos vendidos y numerosas giras internacionales, su carrera comenzó en los años sesenta y durante las siguientes décadas tuvo un auge que lo llevó a viajar y triunfar con su música alrededor del mundo. Son pocos los artistas que pueden atribuirse más de cuarenta años de carrera musical y más de ochenta millones de discos vendidos, por no mencionar el impacto de sus giras de conciertos y la presencia de su música en las emisoras de radio del mundo entero. La vida artística de José José es definitivamente extraordinaria. Ha agotado las localidades para conciertos en lugares como el Madison Square Garden y el Radio City Music Hall en Nueva York. Es uno de los pocos cantantes mexicanos que ha vendido totalmente las localidades de dos conciertos en la Monumental Plaza de Toros de México, y hasta tiene su estrella en el Paseo de la Fama de Hollywood.

Así como sus logros impresionan, la historia de José José muestra cómo su ascenso al estrellato vino acompañado de consecuencias impredecibles y retos personales muy grandes. Entre 1990 y 2000, la acelerada vida que llevaba y sus reconocidos problemas de adicción, hicieron que su voz se deteriorara considerablemente, lo mismo que su carrera profesional. Más adelante, durante el lanzamiento de su libro en 2008 y en medio de un nuevo renacer de su carrera profesional, esta estrella de la música tuvo que lidiar con un reto inesperado: Su esposa, Sarita, sufrió de un derrame cerebral que la puso entre la vida y la muerte.

A sólo días de este incidente, personas de su equipo de trabajo me contactaron en la emisora de radio con la intención de ayudar al cantante a promocionar su libro. Resultaba extraño —y fue criticado por muchos— el hecho de que estuviese realizando una gira promocional por todo Estados Unidos en un momento en que su esposa apenas comenzaba a recuperarse en el hospital. Incluso explicaban que, para el momento de esta gira, aún no se sabía con certeza cuáles eran las posibilidades de que Sarita volviera a recobrar sus funciones cerebrales y de movimiento.

Confieso que la búsqueda de apariciones promocionales en medio de esta situación personal tan grave, a mí también me cayó de sorpresa. De cualquier forma, hicimos los arreglos para recibirlo, no en uno, sino en la mayoría de los programas de Amor 107.5 en Miami en un mismo día. Sabíamos bien por lo que estaba pasando y queríamos apoyar a alguien que por muchos años ha sido el ídolo de tantas personas.

José José llegó desde temprano a la emisora agradeciendo a todo nuestro equipo así como al público por sus palabras de apoyo y solidaridad hacia él y su esposa. Todos queríamos tomarnos fotos con él para conservar en nuestras memorias, mientras se le veía feliz reencontrándose con grandes amigos de la radio como mis compañeros de labores Betty Pino y Javier Romero.

Al poco tiempo de estar en nuestros estudios, comenzaron a llegar a la emisora mensajes que cuestionaban su presencia allí, en medio del delicado estado de salud de su esposa. José José explicó que, aunque lo que más deseaba era estar con su mujer en un momento tan difícil, cuando los médicos le dieron reportes de mediana estabilidad en la salud de ella, él decidió que no debía perder un minuto y retomar su compromiso de promoción del libro, así como una breve gira de conciertos. "Lo hago por ella", me dijo fuera del aire en un momento de su visita. Cuando lo supe de su boca, pude entender más que nunca que la gravedad de la situación de salud de doña Sarita era tanta como la gravedad de la situación financiera de ellos como familia. De no haber salido en esta gira a solicitar el apoyo del público que tanto lo quiere, sus problemas económicos se hubiesen incrementado y de la misma forma su incapacidad de financiar muchos de los gastos médicos y la recuperación de su esposa.

Los que veíamos las cosas desde afuera pensábamos que José José estaría viviendo un momento que podría ilustrarse con su canción "El amor acaba"; en realidad, nos dimos cuenta de que la canción que mejor describía ese instante de su vida era "Sabrás que te quiero". Y así lo supo más adelante doña Sarita al despertar durante su convalecencia.

Ese día aprendí una gran lección. Luego de verme tentado a juzgar la presencia de esta estrella en un compromiso de trabajo cuando su mujer estaba tan mal de salud, me di cuenta que el amor no siempre se puede expresar con la presencia física, sino que, a veces, hay que tomar decisiones muy duras que, aunque basadas en el amor, pueden parecer a los ojos de muchos como todo lo contrario.

La tendencia que los seres humanos tenemos de juzgar a otras personas es inevitable. A mí me ha pasado tanto como a ti. Siempre he estado seguro —y es también la opinión de muchos expertos en psicología— de que juzgar y criticar a otros es sobre todo un mecanismo que nos hace sentir mejor a nosotros, a través de la comparación. Ex-

presiones como "Yo nunca haría algo como eso" y "¿Puedes creer que hizo algo así?" nos ponen indirectamente por encima de la otra persona, disminuyen nuestra valoración acerca de ella y, de una manera triste pero muy humana, alimentan nuestro ego. Es muy fácil aumentar el ego a través de la desvalorización de otros, pero esto dura poco y hace mucho daño. Es preferible hacer un esfuerzo por sentirnos mejor a través de la celebración interna de nuestros propios logros, en vez de tratar de encontrar defectos en los demás.

El poder de **TU** historia

¿Has juzgado a alguien pensando que tenías la razón para después darte cuenta de que tu crítica había sido injusta?

¡Pongámonos todos un filtro más selectivo entre nuestra mente y nuestra lengua, para así esperar y pensar un poco más antes de decir cosas que desvaloricen a los demás!

Un círculo vicioso
de alcohol y violencia

La realidad supera a la ficción. He llegado a esta conclusión tras varios años de conducir un programa basado en las historias de nuestra gente. El día que veas una historia en el cine que no puedas creer, nunca dudes de que sea posible, y más bien dale gracias a Dios. El solo hecho de que te parezca sorprendente es señal de que nunca has vivido algo así de cerca, y por lo tanto eres una persona muy afortunada.

Maura es una mujer dominicana cuya historia me dejó sin palabras. Su voz no era alegre, carecía de ese espíritu festivo que caracteriza a la mayoría de sus paisanos. Inmediatamente me di cuenta que en su vida habían ocurrido cosas que desvanecieron su entusiasmo.

—Alberto, vengo de una relación de violencia doméstica constante. Él tenía un problema grave de alcoholismo y nunca lo quería reconocer. Entonces llegaba a la casa y me insultaba, me decía cosas que jamás hubiese sido capaz de decir cuando estaba sobrio. Era como estar frente a otra persona. Además de eso, en muchas ocasiones me obligaba a hacer el amor y como era un hombre mucho más grande y fuerte que yo, a mí no me quedaba alternativa, porque cuando lo hacíamos se le bajaba un poco la borrachera y se quedaba dormido.

—¿Nunca te atreviste a decirle que no querías hacerlo? —le pregunté.

—Jamás. Yo creo que si se lo hubiese dicho, no te estaría contando la historia.

Me contó Maura que la última vez que llegó borracho a la casa la situación se puso peor que nunca. Ella había salido al final de la tarde, los niños se habían quedado en casa y durante unas horas su celular se había quedado sin batería. Mientras tanto, aparentemente él se había ido a tomar con sus amigos y no dejaba de llamarla a su móvil. Al llamar a la casa, uno de los hijos le dijo al esposo que ella había salido. Ése fue el inicio de la tormenta.

Maura llegó a casa primero que él, pero a los pocos minutos apareció el hombre, borracho y enfurecido.

—Él me preguntaba adónde había ido; yo le dije la verdad pero él no me creía y, en frente de los niños me dijo que yo era una puta que se acostaba con cualquiera y que seguramente yo había estado "con el otro hombre" mientras él salía con sus amigos. Yo lloraba diciéndole que no. De pronto, se salió de la casa al jardín y regresó con un machete en la mano. Los niños lloraban. Yo les dije que se fueran a su cuarto. Fue allí cuando agarró el machete y trató de darme con él en la cara, pero yo puse mi brazo para taparme. Me dio un cuchillazo con el machete y me cortó los cuatro dedos de la mano derecha.

Me quedé sin palabras ante tan brutal historia. Ella continuó diciéndome que en ese momento su esposo cayó hacia atrás y se dio un golpe en la cabeza que lo dejó inconsciente por unos minutos. Ella aprovechó ese momento, se colocó una toalla en la mano, que le dolía intensamente, y salió de la casa inmediatamente con sus tres hijos.

Maura estuvo hospitalizada varios días. Luego se mudó a casa de su mamá para reencontrarse con sus niños. Ante el riesgo y el miedo tan grande que ella tenía de que su esposo intentara otra locura, las autoridades le sugirieron cambiar su lugar de residencia por medio de un programa de apoyo a víctimas de violencia doméstica.

—Cada noche pienso en lo que pasó y no me puedo recuperar. Estoy recibiendo ayuda psicológica y mis niños también, pero es muy difícil recuperarse de un trauma como éste. Todavía siento miedo de que él se entere de dónde estoy, porque muchas veces me amenazó con matarme y ni siquiera había ocurrido nada de esto en ese momento. Hoy en día no me atrevo a salir de la casa a menos que sea al trabajo y a la escuela de los niños.

Maura lo denunció a las autoridades e hizo todo lo que estaba en sus manos para mantener a este hombre lejos de su vida y la de sus hijos. Su único arrepentimiento era no haber hecho todo esto antes del peor de los episodios. Además, su miedo más grande era que le hiciera daño nuevamente, y por eso prácticamente no salía de la casa.

En ese punto de la conversación le expliqué a Maura que es muy normal sentirse así después de una experiencia tan traumática como ésa. Mi sugerencia fue que, una vez que las autoridades se lo permitieran, comenzara a salir a otros lugares acompañada de amistades que le brindaran un sentimiento de seguridad. Al comenzar a enfrentar el miedo a estar en la calle, aumentaría poco a poco su confianza y empezaría a llevar una vida normal.

—¿Qué le dirías a las mujeres que están pasando por una situación de violencia en su casa y siguen aguantándolo sin hacer nada al respecto, porque sienten mucho miedo?

—Que no sigan esperando. Si la persona ya ha sido violenta y no muestra ningún cambio, las cosas solamente se van a poner peor. Yo esperé demasiado y eso fue lo que hizo que tuviera que pasar por esto. Jamás debí haberle dado tantas oportunidades, especialmente si él mismo me decía que no tenía nada que cambiar. Ahora no solamente tengo que lidiar con el trauma que hizo en mi cuerpo para siempre, sino que además ahora no se me quita ese recuerdo de mi mente y tampoco se va de la mente de los niños. Ellos no vieron el momento en que pasó lo peor, pero sí vieron lo suficiente para quedar muy mal.

Así como sentía una gran tristeza en su voz, a la vez había una sensación de esperanza en nuestra plática. Ella estaba lista para rehacer su vida junto a sus hijos, aprendiendo de los errores del pasado y con el entusiasmo que todos queremos sentir por nuestro futuro y el de nuestra familia.

Una situación de violencia es algo definitivamente muy negativo, pero que lamentablemente ocurre en muchas relaciones de pareja. Nadie debería nunca usar la violencia física ni verbal en contra de la persona que ama, pero, si esto llegara a ocurrir en tu relación, necesitas "tomar el toro por los cuernos" y buscar una solución inmediatamente. Si la persona no muestra arrepentimiento de lo que hizo y voluntad de cambiar, por favor déjala, porque podría volver a ocurrir en cualquier momento.

Todos tenemos derecho a encontrar la felicidad después de una dificultad, y para lograrlo hace falta ponernos en contacto con nuestros miedos y enfrentarlos. Necesitas lograr el control de tu mente y tus sentimientos poco a poco. La única manera de superar un miedo es entendiendo claramente nuestros verdaderos riesgos y enfrentando ese temor. Mientras más afrontes una situación que te da miedo sin una razón válida, más rápido vas a lograr superarla.

El poder de **TU** historia

¿Has estado en un círculo vicioso respecto a una conducta de tu pareja, que no se ha podido cambiar y afecta tu relación? ¿Qué puedes hacer para que comience un verdadero cambio en ustedes antes de que sea demasiado tarde?

¿Estás dejando de hacer cosas en tu vida que te traerían felicidad, por miedo debido a experiencias pasadas? ¿Estás listo para enfrentar esos miedos y superarlos?

Para más información sobre organizaciones que apoyan a las víctimas de violencia doméstica, visita: www.albertosardiñas.com.

Dos gemelos idénticos, dos caminos diferentes

Uno de mis amigos tenía la molesta costumbre de atiborrar el buzón de mi correo electrónico todos los días con mensajes en cadena. Algunos eran chistes malos; otros, caricaturas; también llegaban unas cuantas teorías de conspiración; y muchos de ellos eran archivos PowerPoint con mensajes para reflexionar. Algunas de esas reflexiones eran muy interesantes; otras, fastidiosas, como aquellas que te amenazan con una calamidad si no las reenvías a veinte personas en los próximos veinte minutos. Un día de tantos mi amigo colmó mi paciencia —la cantidad de correos que recibí era excesiva— y, con la confianza que había entre nosotros, le hice prometer que solamente me enviara los más significativos.

Pues bien, uno de esos archivos anónimos de PowerPoint contenía una historia estilo "leyenda urbana" que alguien había ambientado con fotos espectaculares. Era la historia de dos gemelos idénticos (la cual no dejo de relatar cada vez que puedo al dar conferencias de inspiración en muchos lugares). Contaba que dos gemelos idénticos habían nacido en un hogar sumamente conflictivo. La pareja era muy pobre y ya tenían tres hijos cuando nacieron los gemelos. Aunque se supone que los hijos sean siempre el fruto del amor entre dos personas, éste no era su caso. El padre de las criaturas llevaba años maltratando a su madre, tanto física como verbalmente. Ella no se atrevía a hacer nada por la amenaza de un futuro incierto si este hombre no la seguía manteniendo.

Los problemas provenían en gran parte del alcoholismo del hombre que, cuando no estaba borracho, se mostraba indiferente con su mujer y sus hijos. Cuando tomaba, las cosas se ponían peor porque se tornaba violento.

Resulta que estos dos niños crecieron en medio de todas estas dificultades pero sus vidas tomaron caminos completamente distintos. Uno de ellos se transformó en la réplica de su padre: maltratador de mujeres, grosero y, como queriendo llevar las cosas un paso más allá, el hombre se convirtió en un delincuente que con el pasar de los años cayó en la cárcel en más de una ocasión. En una oportunidad, este hombre no tuvo más remedio que enfrentarse a un juez por tercera vez. El magistrado, ya harto de volver a verlo en su juzgado, le preguntó: "¿Se puede saber por qué usted no hace más que meterse en líos y regresar a la corte una y otra vez por delitos similares?" El hombre guardó silencio por un instante y respondió: "Con un padre y una infancia como la que tuve, ¿cómo podría esto ser diferente?"

El otro gemelo, en cambio, tuvo una vida distinta y opuesta. Estudió y fue el primero en su familia en obtener un título universitario. En la universidad conoció a una mujer maravillosa con la que se casó y formó con los años una linda familia. Después de sus estudios, trabajó en varias empresas hasta independizarse con su propio negocio y, llevando las cosas a un próximo nivel, sus actividades benéficas lo convirtieron en un reconocido líder comunitario.

En medio de la celebración de uno de sus éxitos en la comunidad, una reportera de un periódico local mostró muchísimo interés en su historia de triunfos. Fue en esa conversación que ella le preguntó cómo había logrado tantos éxitos en su vida, a lo cual el hombre respondió: "Con un padre y una infancia como la que tuve, ¿cómo podría esto ser diferente?"

Me encanta cómo esta historia nos demuestra que, más allá de lo que nos ha ocurrido en nuestro pasado, todos tenemos la oportunidad de decidir qué hacer con nuestro presente y nuestro futuro. La razón del fracaso de uno de estos hombres y la razón del éxito del otro era exactamente la misma. Para lograr la mayor felicidad posible en la vida tenemos que dejar de ser víctimas de cosas que nos ocurrieron y que en su momento no pudimos controlar, para dedicar nuestros pensamientos y esfuerzos a luchar por lo que siempre hemos soñado.

No existen excusas sobre nuestro pasado o nuestra crianza que sean válidas para justificar el fracaso de nuestro presente o la posibilidad de fallar en el futuro. Hoy te invito a que pongas a un lado esas experiencias anteriores, busques la forma de mejorar las cosas que te limitan y te pongas metas ambiciosas que —siempre que las quieras de corazón— con toda seguridad estás en capacidad de lograr.

El poder de **TU** historia

¿Has utilizado tu pasado como una justificación de tus fracasos en el presente?

¿Cuáles son esas cosas que siempre has querido lograr y que en algún momento has visto como imposibles pensando que "la gente como yo no puede lograr eso"?

¿Estás listo para reescribir esas metas y luchar por ellas poniendo a un lado tus limitaciones?

Sé que soy la amante, pero no me atrevo a dejarlo

Margarita comenzó su conversación conmigo diciéndome que estaba "bien enamorada". No puedo negar cuánto me alegra saber que el amor ha llegado a la vida de alguien, pero definitivamente no en las condiciones en las que ella me contaría enseguida. "Es una relación de dos años, lo quiero mucho y creo que él a mí también. Pero él tiene su esposa en Costa Rica". Me dije a mí mismo: «Qué ingenuo eres, Alberto, ¿acaso pensabas que todo iba a ser tan lindo como comenzó?»

Enseguida comenzaron las excusas: "Cuando yo lo conocí, las personas que conocen la 'trayectoria' de la relación dicen que ella no es buena, que ella le ha sido infiel. Pero parece que él no escucha, está aferrado a eso. Ellos tienen una niña y él quiere traerla a Estados Unidos". En otras palabras, Margarita sabía desde el principio que estaba lidiando con un hombre casado… a distancia, pero casado. A continuación me confirmó que él no solamente quería traer a su hija, sino a su esposa también. Así siguió mi conversación con ella:

—¿Y cómo te sientes respecto a eso? —le pregunté.

—Me siento muy mal, Alberto, porque he dedicado dos años de mi vida a él.

—Pero le has dedicado dos años sabiendo que tiene una familia, ¿verdad?

—Sí. Lo quiero mucho y esta situación está acabando conmigo —me confesó entre lágrimas.

Lo primero que vino a mi mente salió de mi boca sin que lo pudiera evitar el consabido "filtro" que todos deberíamos tener entre el cerebro y la lengua.

—Margarita —le dije—, guerra avisada no mata al soldado.

—Cuando empecé con él no sabía que era casado —dijo poniéndose a la defensiva.

—Pero muy pronto lo supiste, ¿verdad?

—Sí, después de un mes —respondió llorando una vez más, como quien no quisiera pero se da cuenta de su error.

Margarita sabía en lo que se estaba involucrando, pero había dejado pasar un año y once meses en la misma situación, cuando pudo haber terminado con la relación cuando ésta apenas comenzaba.

Mientras le preguntaba cuál era la probabilidad de que él dejara a su actual esposa, Margarita me interrumpió:

—Yo creo que eso nunca va a pasar.

En medio de la conversación, Margarita había conseguido por sí misma la respuesta a su situación. Una vez más pude comprobar el efecto que tiene escuchar, entender e inspirar a la persona a cambiar.

—Me resulta tan difícil terminar la relación —siguió diciendo.

Margarita tenía solamente veintisiete años y además un niño pequeño. Esa situación me permitió hacerle un planteamiento adicional respecto a lo que estaba viviendo, lo cual es posible hacer cuando las cosas se ven desde afuera.

—Imagínate que tienes una hija de veintisiete años. A lo mejor tú tienes un poco más de cincuenta y sabes que tu hija es la amante de alguien que tiene una esposa en otro país. ¿Qué le dirías a tu hija?

—Lo mismo que me digo a diario... —contestó Margarita, quien parecía estar reflexionando un poco más sobre su propia situación.

Cuando sientas que tu problema no tiene solución, imagínate por un momento que eres otra persona, pero no cualquiera. Piensa por un segundo que eres alguien que te quiere mucho, como uno de tus padres, alguno de tus abuelos o alguien que siempre ha estado pendiente de ti a lo largo de tu vida.

Margarita no debía cifrar su felicidad en la incierta posibilidad de que este hombre se divorciara. No debemos permitir que nuestra felicidad dependa de las desgracias de otros, y mucho menos si estamos haciendo a otros cosas que jamás querríamos que nos hicieran. Además, cuando alguien está verdaderamente enamorado, tarde o temprano toma las decisiones que hagan falta para estar junto a la persona que ama.

Tristemente, la situación que tanto frustraba a esta mujer no estaba ocurriendo solamente por la iniciativa de un hombre indeciso y con grandes vacíos en su vida, sino porque ella lo permitía, poniéndose a un lado como persona y dejando que las necesidades de él determinaran la vida de ella.

El poder de **TU** historia

¿Estás haciendo algo en tu vida que le criticarías a un ser querido si hiciera lo mismo?

¿Alguna vez has permitido que tu felicidad dependa de las decisiones de otras personas?

¿Le has echado la culpa a alguien de la situación que estás viviendo, para luego descubrir que en realidad tú también eras parcialmente responsable de lo que ocurría?

Mi amigo El Puma
me bajó el sueldo

Apenas comenzaba la universidad, con solamente diecisiete años de edad, cuando logré conseguir mi primera práctica profesional en un medio de comunicación. Se trataba de una nueva televisora que se iba a lanzar en Venezuela bajo el nombre de Bravo Canal 57, con un formato principalmente musical, al estilo de canales estadounidenses como MTV. El papá de un amigo trabajaba allí y me consiguió la oportunidad de entrevistarme para un puesto que no requería experiencia, pero sí muchas ganas de aprender y trabajar duro. En esa entrevista logré obtener la primera oportunidad laboral de mi carrera. Además me enteré allí que uno de los dueños del canal era el famosísimo cantante venezolano José Luis Rodríguez, conocido como El Puma.

En Bravo —que más adelante pasó a llamarse Puma TV— aprendí muchísimo y de manera acelerada sobre el mundo de la producción en televisión. El canal no rebosaba recursos, pero sí ambiciones. Todos teníamos que hacer el trabajo de muchos, y yo tenía que alternarlo con mis estudios universitarios. El ser un grupo pequeño tenía una ventaja excepcional: cuando se necesitaba a alguien para hacer algo importante, éramos pocos los que competíamos por esa tarea. Por ejemplo, en una ocasión mi jefe, Arturo Agrela, tuvo la valentía de enviarme a la ciudad de Nueva York, cuando yo apenas había cumplido dieciocho años, para entrevistar a la cantante Toni Braxton y al saxofonista Kenny G, dos artistas que en ese momento estaban muy de moda en todo el planeta.

A la vez que experimentaba y aprendía en mi trabajo en televisión, también daba mis primeros pasos al aire en la radio. Debido a mi interés en desarrollar una carrera como un profesional de la voz, el equipo del canal de televisión me tenía como locutor de remplazo para ciertas promociones al aire y algunos programas del canal. En las contadas ocasiones en las cuales la persona que servía de voz principal de Bravo no podía trabajar, mis colegas productores sabían que podían contar conmigo.

Con el pasar de los meses mi trabajo como voz del canal se fue haciendo cada vez más frecuente, hasta que finalmente comenzaron a reconocerme como una de las dos voces oficiales del canal. Además yo seguía siendo productor en el canal, continuaba participando al menos una vez por semana en la radio de Caracas y, como actividad principal, seguía mis estudios de Comunicación Social en la Universidad Católica Andrés Bello.

Al principio mi trabajo en el canal 57 no tenía ningún tipo de compensación porque se trataba de una pasantía, de una oportunidad enorme para aprender. Al terminar este período inicial, el canal me ofreció mi primer sueldo como productor y locutor. Me sentía muy feliz por la oportunidad de ganar dinero en la industria que había elegido para hacer carrera, pero las horas de trabajo eran brutales.

En un día típico conducía por casi una hora de mi casa a la universidad, y comenzaba clases a eso de las 7:30 de la mañana. Al mediodía tenía que salir corriendo al canal de televisión donde, debido a la gran limitación de personal de ese momento, la jornada se prolongaba con frecuencia hasta las diez e incluso hasta las doce de la noche. En ocasiones salía agotado y hasta me costaba trabajo mantenerme despierto para conducir hasta la casa, pero me gustaba tanto lo que hacía que nunca me quejé.

No obstante, mantener este ritmo de trabajo era imposible y llegué a la conclusión de que lo mejor era abandonar mi puesto de productor en el canal de televisión, para así dedicar más tiempo a mis estudios y a cualquier otra actividad que pudiera realizar usando menos horas. Le comuniqué mi decisión a mi nuevo jefe en Bravo, quien recibió la noticia con decepción, pero quedamos en que a partir de ese momento mi actividad con ellos se limitaría al trabajo de grabar mi voz para las promociones y narraciones de la estación. El tema del sueldo nunca se abordó en esta conversación.

Hasta entonces yo percibía un sueldo de tiempo completo, pero la lógica elemental indicaba que en algún momento me llamarían para comunicarme el ajuste que harían a mi sueldo de acuerdo con mi nueva responsabilidad. Ahora yo trabajaba una hora una vez por semana, a diferencia de las más de cincuenta horas semanales de antes.

En uno de mis días de grabación, me pidieron que al terminar pasara por las oficinas de la gerencia. Me quedaba muy claro que ése sería el tema de conversación. Con mucha tranquilidad subí y, al pasar por la oficina del administrador éste me dijo que la junta no sería con él, que me estaban esperando en Presidencia. «¿Presidencia?», dije para mis adentros, sorprendido porque en esa oficina solamente podría encontrarse nada más y nada menos que al presidente del canal, el famoso cantante internacional José Luis Rodríguez, El Puma.

Mi tranquilidad se convirtió en una angustia fuera de lo común. Sabía cuál sería el tema, pero no era lo mismo hablar de mi sueldo con un administrador que con el dueño del lugar, y mucho menos cuando se trata de una estrella internacional de la música, rodeado de todo tipo de asistentes. ¿Cómo haría para tener una conversación de dinero con la misma persona cuyas canciones mi papá cantaba a toda voz cuando íbamos en el auto en los años ochenta? ¿Cómo hablar de dinero con alguien cuya voz —incluso al hablar— me traía a la mente las notas de "El pavo real" (y comencé a cantar, sin poder evitarlo, el estribillo de ésta: "chévere, que chévere, que chévere, ah, ah")? ¿Acaso el intérprete de "Amalia Rosa" (*De Maracaibo salieron dos palomitas volando, a La Guaira volverán, pero a Maracaibo ¿cuándo?*) sabría algo de finanzas? Es más, ¿se acordaría El Puma de mi nombre o sería que, cada vez que me saludaba en el pasillo, uno de sus muchos asistentes le soplaba por un moderno audífono cómo me llamaba?

Entré a la oficina de José Luis Rodríguez y me saludó con su acostumbrado: "¡Hola, Sardiñas!" Las piernas me temblaban. El Puma comenzó con una explicación sobre las limitaciones financieras de la empresa y el ajuste de mis horas de trabajo. La verdad es que no me fue para nada mal. A los pocos minutos salí de allí con un sueldo que me pareció generosísimo para la actividad que haría a partir de ese momento. De hecho, esa fue la primera vez que me pagaron por trabajar exclusivamente como locutor. Pero ésa no fue mi conclusión principal de esa breve conversación.

Esa tarde había entrado con miedo a la oficina de El Puma porque nunca había lidiado con un artista en una faceta diferente a su lado artístico. Pero en ese momento no estaba hablando con el ganador de múltiples premios en el mundo de la música, conocido alrededor del mundo por sus canciones y prominente melena. Esa tarde estaba frente a un empresario que sacaba cuentas y tomaba decisiones para mantener su negocio a flote, como cualquiera que fuese dueño de una gran fábrica de refrescos o de una pequeña panadería. De esa conversación me llevé una lección sobre la que caí en cuenta mucho más adelante: todos cuidamos nuestro bolsillo y velamos por el bienestar propio y de los nuestros. Allí aprendí a ver a los artistas —y a cualquiera que pueda ser considerado como alguien de estatus— como personas iguales a los demás, por cuya presencia jamás debemos intimidarnos. Aprendí que las grandes personalidades no siempre están en esa faceta. También son esposos, esposas, padres de familia, cuidan sus finanzas y tienen una marca favorita de desodorante como la tenemos todos.

Hoy en día me encuentro de vez en cuando con El Puma, ya que vivimos en la misma ciudad, y, aunque no he tenido la oportunidad de recordarle esa historia, siempre viene a mi mente la gran lección que me trajo en su papel de dueño de negocio, poniendo a un lado a la gran estrella y mostrando su lado más humano.

Hace mucho tiempo un amigo me dijo algo muy sabio que hoy comparto contigo. En tono de filósofo me dijo: "Todo el mundo caga". Me explicó que si un día me siento intimidado por la presencia de una persona, es importante mantener el respeto y la admiración que pueda sentir por ella, pero a la vez no permitir que los nervios me dominen. Para evitarlo, simplemente hay que cerrar los ojos por cinco segundos e imaginarse a esa persona sentada en el retrete, pasando trabajo como cualquiera que necesite comer un poco más de fibra en su dieta. "Todo el mundo caga" se traduciría en palabras bonitas a "Todos somos iguales en cuanto al hecho de ser personas".

Hoy te invito a que no permitas que los nervios te dominen cuando te encuentres en una situación en la que una persona pueda intimidarte. Es el caso típico de las entrevistas de tra-

bajo, la oportunidad de conocer a un artista e incluso el momento en el que necesites exponer tu punto de vista ante un juez durante un juicio. Manteniendo el respeto que merece la posición de esa persona, imagínatela cuando va al baño y te darás cuenta que la podrás ver a los ojos y exponer tu punto de vista de una manera más relajada y —seguramente— con una probabilidad de éxito muchísimo mayor.

El poder de TU historia

¿Te han traicionado los nervios en un momento importante de tu vida porque te sentiste intimidado con respecto a una persona con la que tendrías una conversación crucial?

¿Podrías "bajar del pedestal" en tu mente a una persona importante con la que tengas que conversar, para así mantener el respeto que le tienes pero conducirte sin nervios, como lo harías con cualquier otra?

Mis abuelos:
mis mejores publicistas

Dicen que no hay seres más orgullosos por los logros de una persona que sus padres. Sin embargo, y basado en mi experiencia, creo que los abuelos son competidores muy cercanos. Mientras mis abuelos maternos no tuvieron la oportunidad de disfrutar en vida de mis logros en la radio, a los paternos siempre les fascinó la idea de tener un nieto que trabajaba en este medio. Yo creo que el orgullo de ellos tenía su origen en el hecho de que mi papá tuviera una breve y muy exitosa carrera en la radio en Venezuela, que luego cambió por el mundo de los negocios.

Independientemente del formato del programa en que yo trabajara —desde las comedias para gente joven, hasta aquellos dirigidos a un público más adulto—, mi abuelo Eloy y mi abuela Conchita me escuchaban cada vez que podían y luego, al terminar el programa, en ocasiones me llamaban para comentarme qué les había parecido, e incluso me daban ideas de temas basados en lo que habían oído ese día.

La fascinación y el orgullo de mis abuelos por lo que yo hago aumentaron mucho más cuando comencé a conducir "Íntimo" y a escuchar las historias de vida de las personas. Mi abuela Conchi era la más fiel de mis oyentes. Su mayor reto cada noche era alternarse entre escucharme en la radio y ver su novela favorita en la televisión. No sé cómo lo lograba, pero estaba al tanto de todo lo que yo decía. Incluso se pasaba horas en el teléfono con sus amigas, que la llamaban a decirle que habían escuchado a su nieto en la radio y no podían creer "que cosas tan bonitas le dice a la gente". Con cada llamada de ésas, ella se inflaba de orgullo; también aprovechaba para llamarme y contármelo.

Al salir de la emisora, a eso de la medianoche en días de semana, cuando ya la gran mayoría de las personas están durmiendo, a veces escuchaba mi teléfono sonar y sabía que era ella. Siempre comenzaba la conversación con frases como: "¡Álber —así me llamaban mis abuelos—, qué programa tan lindo tuviste hoy!" Después pasaba a darme su opinión sobre muchas de las historias que habíamos escuchado ese día. Debo decir que, cuando recibía su llamada tarde en la noche, me alegraba el corazón.

Mi abuelo Eloy no se quedaba atrás; él era un gran fanático pero mucho menos expresivo. Se parece a esa gente —la mayoría, diría yo— que escucha la radio con fascinación pero no llama para participar en los programas. A él le encantaba y le llenaba de orgullo todo lo que yo hacía y decía. Por su mentalidad de negociante —a eso se dedicó toda su vida—, expresaba su admiración y apoyo en forma de costo-beneficio: "Álber, sería importante que le enviaras un saludo por la radio a los empleados de este taller mecánico, porque allí trabajan quince personas, y creo que si escuchan que los mencionas todos ellos se van a volver tus fanáticos y te va a aumentar la audiencia".

Mi abuelo siempre cargaba en su automóvil un paquete de volantes publicitarios con mi foto para promover el programa en cada sitio que le fuera posible. Cuando se le terminaban no perdía ni un minuto en pedirme más. También estaba pendiente para saber si la emisora había impreso algún volante o foto nuevos para tener lo más reciente y "promocionar las cosas como debe ser". Nunca faltaba su llamada a mi celular con una pequeña pero constante lista de nombres de personas a quienes él necesitaba que yo le firmara y personalizara una de mis fotos. Cuando mi abuelo falleció, encontramos en la pared de su habitación, donde guardaba todas sus fotos y recuerdos, un volante de los que promocionaban mi programa.

Ya han pasado varios años desde que Conchi y Eloy fallecieron, pero su recuerdo sigue vivo en mí y seguirá así para siempre. Todavía extraño esas llamadas de mi abuela algunas noches después de terminar mi programa para decirme qué le pareció. Sin embargo, como una señal de que ambos me cuidan y me siguen apoyando desde el cielo, todavía me ocurre de vez en cuando que llego a un negocio —un taller mecánico, un restaurante, una tienda de ropa— y me encuentro con un volante publicitario de mi programa firmado por mí, escondidito cerca de la caja registradora. En ocasiones me he disculpado con la persona que me atiende por no recordar cuándo y dónde le firmé esa foto y la respuesta ha sido: "No te preocupes, no nos conocíamos antes. Esa foto me la mandaste con tu abuelo Eloy".

Aunque los veamos o no, aunque lo expresen o no, todos en la vida tenemos personas que nos admiran por lo que hacemos y por lo que somos. La admiración de esas personas puede provenir de muchos sentimientos diferentes: desde el amor que tienen hacia nosotros porque son nuestra familia o nuestra pareja, pasando por el hecho de que nosotros hayamos logrado algo que esa persona algún día quisiera lograr, hasta el simple y poderoso sentimiento de admiración incondicional que un ser humano puede tener hacia otro.

Cualquiera que sea el caso, recíbelo y agradécelo cada vez que puedas. Por favor, no lo ignores. Y si eres de las personas que en este momento piensan que no tienen en su vida a alguien que los admire por alguno o varios de sus logros, no te preocupes. Te propongo que comiences por mirar a tu alrededor y pensar en quiénes son esas personas a las que tú admiras y se lo expreses sin miedo. Te garantizo que cada cosa que nosotros sentimos hacia los demás, tarde o temprano se retribuye en un gesto igual o superior que nos hará felices.

El poder de TU historia

¿Quiénes te admiran? ¿Les has dado las gracias recientemente por las cosas que piensan y dicen de ti?

¿A quiénes admiras? ¿Por qué admiras a esas personas? Recuerda que, tanto como a ti te gustaría recibir la admiración de
otros, ellos quisieran disfrutar de lo mismo, ¡así que no pierdas
tiempo y exprésasela!

*Para ver fotos de mis abuelos y el resto de mi familia, y
para que compartas conmigo fotos de los tuyos, te invito a
seguirme en Facebook, visitando: www.albertosardiñas.com.*

Si disfrutaste de estas páginas, la mejor recompensa que podría recibir de tu parte es que le recomiendes este libro a las personas especiales en tu vida. De antemano, ¡gracias!

Para compartir tu historia y lo que aprendiste de esa experiencia, visita: www.albertosardiñas.com.

Gracias

Menos mal que no soy actor, porque si un día me ganara el premio Óscar probablemente sería de esos a los que cortan con música para irse a comerciales, porque la lista de agradecimientos es muy larga.

Para que tú no me cortes como en las ceremonias de entrega de premios, voy al grano:

Gracias a mi familia que siempre me ha apoyado en todo lo que hago, especialmente a mi papá, Eloy Sardiñas, junto a Óscar, Daniel y Verónica, así como a mi familia extendida de abuelos, tíos y primos que han sido mis *fans* sin que yo lo merezca.

Gracias a mis amigos de siempre por ser parte de mi vida, aun quince y veinte años después.

Le estoy agradecido de corazón a mi familia, compañeros y amigos de Univisión Radio en Miami por apoyarme, ayudarme a disfrutar mi trabajo todos los días y estar conmigo en los momentos difíciles y en los alegres también.

Gracias a Casandra y a Silvia de la editorial Santillana, por creer en mí y estar encendiendo conmigo una chispa que convertiremos en una gran luz de bienestar para el mundo.

A cada persona que ha sido parte de mi carrera, dándome oportunidades valiosísimas en el camino, mil gracias. También le agradezco a cada una de las personas que no ha creído en mí, porque me han hecho más fuerte, más perseverante y me han obligado a prepararme más para afrontar nuevos retos.

Gracias a Feigue, mi esposa, quien con su propia historia es un ejemplo de vida para todos de lo importante que es luchar para restaurar nuestra felicidad. Te amo.

A mi mamá allá en el cielo, por haber entregado su vida a nosotros como familia, por haber luchado y sobrevivido hasta estar segura de que todos estuviéramos bien, y por hacerme la persona que soy.

A Dios, que, como dice la historia, sólo hace que se vean un par de huellas en la arena cuando camino con él, no porque me dejó solo sino, al contrario, porque siempre me lleva en sus brazos.